バブル経済の発生と展開

日本とドイツの株価変動の比較研究

佐藤俊幸
sato toshiyuki

新評論

まえがき

「バブル」といわれる日本の株式価格が暴落してから約10年の時が流れ、バブル経済の発生や崩壊に関する研究については、すでに多くの書物が世に送り出され、また新聞報道なども盛んに行われてきた。様々なテーマでいろいろな視角から詳細に研究がなされているが、そうした詳細な研究やマスコミ報道の中にあって、1980年代後半からの株式価格の上昇やその後の株式価格の暴落の過程などをめぐって、それぞれに有力な説が形成されてきているように思われる。

例えば、日本の株式価格の妥当性をめぐる議論にあっては、PER（Price Earnings Ratio：株価収益率）の理論などを用いてそれを評価するという手法が一般化し「常識」化しているように思われる。また、日本の株価変動をめぐっては、「金融自由化以降、金融は、実体経済から独立して、世界経済を動かすペースメーカーになった」という基本認識から、1987年のブラックマンデー時の日本の株価動向や1990年の日本の株価暴落についてその研究成果が発表され[1]、高い評価を得ている。中でも、1990年の日本の株価暴落に関する研究はその典型であり、それによれば、「日本の株価暴落は、実体経済には関わりのないマネーの動きによって、日本から西ドイツ証券へ資金が流出したことに原因がある」という。「日本において、株安、債券安、円安（対マルク）というトリプル安現象が生じている時に、西ドイツでは株高、債券高、マルク高（対円）というトリプル高現象が起こっているということは、西ドイツの債券や株式へ日本の株式市場などから資金が大量に流出したと考えざるをえない」ということがその根拠とされている[2]。こうした議論は、実体経済には関わりのないマネーの動きが実体経済に打撃を与え、金融主導の新しいタイプの不況である「複合不況」を日本にもたらしたする主張の中で展開され、多くの人々によって「優れた研究」として支持されている。

これら、いずれの説も現実の本質理解に関する根本的な鋭い問題提起を含ん

---

(1) 宮崎義一『複合不況』中公新書、1992年、259ページ参照。
(2) 前掲書、202頁参照。

だものであり、大変優れた分析である。それらが高く評価されるべき業績であることは言うまでもない。だが私は、そうした有力な説に敬意を表しつつも、基本的な点においてそれらの考え方には疑問を感じざるを得なかった。というのも、株式価格は、PERとの関連においてではなく、配当の資本還元値との関連において論じられるべきものであるように思うのである。PERの理論に依拠した場合、正当に株式価格を評価し得ない可能性が生じるように思うのである。同様に、日本の株式価格の暴落についても、西ドイツ(3)への資金流出に原因があるとは思わないし、またそれが「日本のファンダメンタルズには関わりのないマネーの動きによるもの」だとも思えなかったのである。「金融は、実体経済から独立して、世界経済を動かすペースメーカーになった」のではなく、金融は相対的に独自な運動を行いうるとはいえ現実資本の基盤の上に成り立つものであり、依然としてそれに規定されていると見るのである。

株式価格は、配当の資本還元値という考え方を基礎に、現実資本と貨幣資本の関連を踏まえながら論じられるべきであると私は考える。そこで、配当の資本還元値という考え方や現実資本と貨幣資本の関連などをふまえながら、1980年代後半から1990年代初めの、株価の上昇から崩壊に至る一連の時期を中心に日本と西ドイツにおける株価の変動を比較研究しようと考えたのである。日本と西ドイツの株式価格の変動を、アメリカ経済も視野に入れつつ比較研究することの意義は、バブル期に関する研究に限らず、国際的な資金移動の自由化の時代において次第に増しつつあると考える。本書は、こうした観点から執筆されたものである。

本書の構成は次の通りである。まず、第1章において現状分析をするにあたって必要な原理的な問題として、株式価格の法則的な水準と現実の株式価格との関係を、現実資本と貨幣資本の運動をふまえながら明らかにし、そのうえで1980年代の株価諸理論の批判的検討を行う。株式価格は、配当の資本還元値というものをその法則的水準としつつ、資本主義の発展段階に応じて特殊な形態をまとうのであって、こうした観点から現実の株式価格を分析した。また、あわせて、株式価格の水準を分析する際の支配的な理論であるPERの考え方などを批判的に検討し、こうした理論を採用した場合、いかなる問題点が生じる可能性があるのかを論じた。

第２章以降は、第１章をふまえた現状分析にあてた。第２章は1980年代後半の「バブル」発生期を取り上げたものであり、「ブラックマンデー」までの金融の動向を追った。日本と西ドイツはともに対米貿易黒字国であり、不均衡是正と金利低下を迫られた国でありながら、この両国の金融市場の動向には大きな差が見られる。特に、それは株式市場において顕著であって、次のような二つの違いが見られる。

①プラザ合意後の1986年から1987年６月あたりまで日本の株価は爆発的な伸びを示していくのに対し、西ドイツの株価は日本より低い水準で伸び悩んでしまった。

②しかも、「ブラックマンデー」の時には、西ドイツよりはるかに高水準にあった日本の株価はあまり下がらず、日本よりずっと低い水準にあった西ドイツの株価は大暴落した。

この章では、こうした現象が登場してきた背景を分析することによって、日本や西ドイツの株式価格の内面に迫る手がかりとした。

第３章は1990年の「バブル」の崩壊初期を取り上げたものであり、「日本の株価暴落は、ファンダメンタルズには関わりのない西ドイツへの資金流出によるものである」とする宮崎義一氏の所説の検討を通じて、日本の株価暴落の原因を明らかにしている。「日本において、株安、債券安、円安（対マルク）というトリプル安現象が生じている時に、西ドイツでは株高、債券高、マルク高（対円）というトリプル高現象が起こっているということは、西ドイツの債券や株式へ日本の株式市場などから資金が大量に流出したと考えざるをえないデータである」という、宮崎氏の日本の株価暴落に関する分析は果たして妥当なのだろうか。本当に、「日本において、株安、債券安、円安（対マルク）というトリプル安現象が生じている時に、西ドイツでは株高、債券高、マルク高

---

(3)　1990年10月に東西ドイツが統一されているのは周知のことであるが、本書は当時の経済状況を論じることによってその目的を達成しようとするのを主眼としている関係上、旧国名による表記とさせていただく。

（対円）というトリプル高現象が起こっているということは、西ドイツの債券や株式へ日本の株式市場などから資金が大量に流出したと考えざるをえないデータ」なのか、こうした宮崎氏の所説の批判的検討を通じて、1990年における日本の株価暴落の原因を明らかにした。

第４章は、それ以後の1991年～1992年における株式価格を中心に取り上げている。日本では、「『金利と株価の大原則』が姿を現さなくなった」という説が主張されることが多かったが、果たしてそれは本当なのか、またそうした現象が生じたのは何故かということを明らかにした。また、あわせてドイツの株式価格についてはドイツ統一後のその動向を追い、分析を行った。

第５章は第４章の補論であり、日本の株価対策の問題点を矛盾の転嫁という視角から検討したものである。また、あわせて近年において株価対策としてささやかれている「税制や手数料引き下げは、『株再生』の近道であり、ペイオフを控えた個人投資家の資産運用の選択肢を広げる」という主張についても、検討を加えた。

もくじ

バブル経済の発生と展開

〜日本とドイツの株価変動の比較研究〜

第1章

株式価格の理論と諸説の検討

第1節

問題の所在

1980年代後半においては、貨幣資本はとりわけ株式市場などで独自な運動を展開した。そこで、日本と西ドイツの株式価格の変動について分析しようと思うが、そのためには、まず株式価格がそもそも何によって決定されるのかという原理的な問題をあらかじめ論じておかなければならない。

まず、第２節において、株式価格の法則的水準を決定するものは何か、またその法則的水準と現実の株価水準との具体的な関係とがいかなる関係にあるのかを、貨幣資本と現実資本の運動をふまえながら明らかにしたいと思う。第３節においては、第２節で論じた観点から、1980年代後半の株式価格に関する諸説を検討したいと思う。

第2節

株式価格の法則的水準と現実の株式価格の運動

１．株式価格の法則的水準

株式価格は絶えず日々変動を続けるものであるが、その長期的なトレンドにおいてその動向を決定している法則が存在している。株主に支払われる利潤の一部分、すなわち配当の資本還元値がそれである。

確かに、株式は様々な側面をもっており、上述の、①利潤の一部分、配当に対する請求権という側面ばかりではなく、②企業の資産に対する権利であるという側面、③経営権の一可除部分であるという側面、をもっているから、流通市場での株式の需要はこれらの諸側面からも起こりうるのであり、株式はそれらの側面に基づいて様々に価格づけがなされうる。だが、それにもかかわらず、①の側面に基づいて、すなわち配当の資本還元値において株式価格の法則的な水準が規定される[1]。というのも、②の企業の資産に対する権利ということについて言えば、株式は「剰余価値に対する請求権を与えるだけ」であって、現実資本を引き揚げるというような「資本に対する自由処分力をあたえるものではない」(2)から、通常の状態であれば株式が企業資産の価値との関係で価格づけされることはない。また、③の経営権ということについて言えば、川合一郎氏が指摘されるように、経営の支配権が確定するに至れば支配を求めての株式需要は市場から消滅してしまうのであって、日々の需要を規定するものではないからである。

よって、株式価格の最も本質的、基本的な規定は、①利潤の一部分、すなわち配当の利子率での資本還元という点にある(3)。すなわち、例えば、配当として５円が支払われる株式の法則的な価格水準は、利子率が２％であれば250円（＝５円×100／２）ということになる。250円という価格でこの株式を買えば、この資金を銀行預金に回した場合と同じ収益率である２％が得られる計算である。生産過程の外部に「常に大きな貨幣額が価値増殖を待って遊休しており、この価値増殖をこの収益に対する請求権において見いだす」(4)こと、すなわち株式の購入をめぐって利子つき資本として株式への投下が競争されることによって株式価格は、いわゆる「リスクプレミアム」を度外視すれば、利子率と同じ利回りになるような水準で基本的には落ち着くことになるのである(5)。

---

(1)　川合一郎『川合一郎著作集（第３巻）「株式価格形成の理論」』有斐閣、1981年、参照。

(2)　K. Marx, *Das Kapital*, *Kritik der politischen Ökonomie*, Dritter Band, *K.Marx-F. Engels Werke*, Band 25, Institut für Marxismus-Leninismus beim ZK der SED, Dietz Verlag, Berlin, 1964. S. 494. 大内兵衛・細川嘉六監訳『マルクス＝エンゲルス全集』第25巻第２分冊、大月書店、1968年、610ページ。

(3)　a.a. O.S., 484.前掲訳書、597ページ。Rudolf Hilferding, *Das Finanzkapital -Eine Studie über die jüngste Entwicklung des Kapitalismus*, Wien, 1910.岡崎次郎訳『金融資本論』上巻、岩波文庫、1982年、209～210ページ参照。なお、ヒルファディングの創業者利得の成立をめぐってはヒルファディングの「配当の利子化」の解釈との関連から批判がなされているが、その批判があてはまらないことについては、後藤泰二『株式会社の経済理論』ミネルヴァ書房、1970年、53ページ以降を参照されたい。

(4)　ヒルファディング、前掲訳書、210ページ。

(5)　株式価格が、産業循環を通して長期的に見れば、「配当利回り」を基準に変動することになると考えるものとしては、例えば、服部恭彦『現代の金融資本と株式市場』法律文化社、1993年、などがある。

2．株式価格の法則的水準と資本主義の発展段階

株式価格は、長期的にはかかる法則的な水準によって定まるものである。したがって、株式価格は、現実資本の動きによって長期的には左右されることになる。配当額や利子率自体、現実資本の影響を強く受けるからである。配当については言うまでもないことなので、ここでは利子率と現実資本の動向との関連について少し言及しておこう。

利子率は、貸し付け可能な貨幣資本の需要と供給によって定まる。貸し付け可能な貨幣資本の供給は、労働者の所得の未消費部分や引退した資本家の貨幣資本、流通手段や支払い手段の準備金、取引の中断によって遊離された貨幣、銀行制度の技術的発展によって節約された貨幣などのように現実資本の蓄積とは独立した源泉からも行われうるが、貸し付け可能な貨幣資本に対する需要は、現実資本の動向によって大きな影響を受けるものである。例えば、景気循環の繁栄期においては現実資本の蓄積、拡大に対する要求が、企業の自己資本額を上回るようになり、貸し付け可能な貨幣資本に対する需要が大きくなる。その結果、次第に利子率は上昇するようになる。

また、恐慌期においては、現実資本の過去の過剰な蓄積の結果として、支払い手段としての貨幣に対する需要が高まり、これが異常なまでの利子率の高騰を招く。周知のように、支払い手段としての貨幣を得るために株式は投げ売りされ、株式価格は低下するのである。

だが、もちろん株式価格の決定理論がこれで充分だというわけではない。くれぐれも銘記しなければならないことは、株式価格は配当の資本還元値というものを法則的水準としつつも、その時代時代における資本主義の発展段階に応じて特殊な形態をまというるということである。配当の資本還元値であるという株式価格の本質は、それが本質である以上、資本主義がどの発展段階にあろうとも根底においては貫徹されるのではあるが、しかし、株式価格はそれを基本として規定されつつも、資本主義の各発展段階に応じて、すなわち現実資本の蓄積様式に応じてそれぞれ特殊な形態をまというるのである。

⑴　高度経済成長期の株価

1960年代において日本、あるいは世界の主要国に発生した、いわゆる「利回り革命」も、経済の成長段階という当時の資本主義の発展段階を反映したものにほかならない。上述したように、本来、株式価格は、いわゆる「リスクプレミアム」を度外視すれば配当の資本還元値で決定される。ところが1960年代において、株式価格がこの法則的な水準を超えて上昇するという事態が起こった。こうした事態を「利回り革命」と一般に言っているが、こうした事態が発生したのは、技術的には安定配当政策、自己金融、過小資本化（＝機能資本に対する株式資本の過小)、株式分割、無償増資、株式の企業間での相互持ち合い、金融機関の政策投資などを直接の契機としていることはよく知られた事実である[6]。

すなわち、株式利回りが利子率よりも低くなったのは、第一に、配当が安定したことによって、株式価格が下がる危険よりも上がる可能性の方が大きくなったからである。第二に、株主への利益分配の方法の中心が増配から無償増資などへ移行したことにより、株式が次の無償増資を見越して買われるようになったからである。

ここに述べた「無償増資」というのは、剰余積立金などを資本金に繰り入れることによって「無償」で株主に株券を与えることである。これは、増配という形での利益の企業外部への流出をできるだけ抑えるという点で、株式会社の加速度的な資本蓄積の実現という要請に合致したものであるが、それはまた同時に、一般株主にとっても魅力のあるものであった。というのも、無償増資によって株式の供与を受け、それを市場で第三者に売却すれば大きな売却益を手にすることができるからである[7]。すなわち無償増資とは、第三者からの所得

⑹　川合一郎『川合一郎著作集（第３巻)「株式価格形成の理論」』有斐閣、1981年、263～278ページ。なお、株式の持ち合いについては、外国資本による株式の買い占めとの対抗関係で行われた面もある。こうした点について触れたものとしては、熊野剛雄「証券資本と証券市場の変遷」(中村孝俊・川口弘編『講座　今日の日本資本主義』第６巻所収）大月書店、1982年、203～207ページ、などがある。

⑺　川合一郎『川合一郎著作集（第３巻)「株式価格形成の理論」』有斐閣、1981年、174ページ以降や、奥村宏『日本の株式会社』東洋経済新報社、1986年、136ページ、参照。

再配分（第三者のふところ）を利用することによって配当の支払いをできるだけ抑制しながら、自社の株価を上昇させようとする方法であった。株式価格は、今期の予想配当だけでなく、それよりはむしろ将来の無償増資の可能性を強く織り込んで上昇するようになったのである。

第三の理由としては、低コストでの資金調達を図るために、株式の相互持ち合いや政策投資といった株価操作によって株価を人為的に上昇させ、一般の人たちの投機資金を株式市場に呼び込んだからである。[8]

とはいえ、「利回り革命」を技術的にもたらした、こうした安定配当政策や無償増資、株式の相互持ち合いなどは、当時の資本主義の発展段階、すなわち絶えざる現実資本への投資の拡大の可能性、資本還流の円滑さおよび確実さといった、いわゆる「経済の成長段階」に支えられたものにほかならない。というのも、第一の理由である安定配当政策について言えば、配当額を短期的にはともかく極めて長期にわたって安定させるためには、資本還流の円滑さなしにはできないからである。第二の無償増資についても同様である。周知のように、資本主義的生産様式にあっては、利潤の極大化を図るために投下資本量を大きくすることが大事であり、企業にあっては配当性向を低下させる必要が生じる。そうした中にあって無償増資をするには、無償増資の原資たる剰余積立金などを確保していくために、利潤の絶対量が配当性向の低下速度以上に増大していかなければならないからである。第三の株式の相互の持ち合いや金融機関の政策投資といった株価操作についても、それが資金の非効率的な運用である以上（利子率を下回る配当利回りでの資金運用になるので）無限にできるものではなく、利潤の円滑な拡大を基礎とした資金的な余裕を必要とするものだからである。

このように、1960年代において株式価格がその法則的な水準を超えてかかる特殊な形態をとったのは、絶えざる現実資本への投資の拡大の可能性、資本還流の円滑さや確実さといったいわゆる「経済の成長段階」、つまり特定の資本主義の発展段階に依拠したものなのである。要するに、資本主義の発展段階は、株式価格の形成過程に大きな影響を与えるのである。

⑵　1980年代後半の株価

こうして日本の株式価格は、既に1960年代以降株価操作などによってその法則的水準から乖離(かいり)させられ、割高な水準にあったが、1970年代の投機的な株価相場を経て、1980年代後半にはさらにまたより一層の急激な上昇を遂げることになる。言うまでもなく、「バブル」[9]と称される現象がそれである。第２章で詳しく論じるように、1986年においては景気の反転の仕方が通常とは異なる特殊なものであったため、通常の景気反転期では起こり得ないはずの過剰な貨幣資本が大量に発生した。この余剰な貨幣資本が、1960年代以降の人為的な株価操作の中で形成された右肩上がりの株価動向を一つの条件としながら、利子率の低下の中で株式市場に未曾有の投機的な運動先を見いだしたからである。

貨幣資本は、再生産過程が新たなる現実資本の吸収を受容する場合には、それを必要としている他の生産部面への貸し付けに用いられ、貸し付け可能な貨幣資本は現実資本へと転化されるが、再生産過程が新たなる現実資本の吸収を受容し得ない場合には、貨幣資本は行き場を失って、土地や株式、債券などの生産的な部面以外の様々な所で投機的な活動を活発化させることになるのである。

これによって株式価格は、株価の上昇を利用して有利な時価発行増資を行い、そうして調達した資金をさらなる株式投資に振り向けるという株価騰貴の増幅機構を伴いながら、1989年まで史上空前の急激な上昇を遂げていくこととなった。

⑶　1990年代の株価

もっとも、現実資本、すなわち実体経済の裏付けをもたない投機は永続し得ない。確かに貨幣資本は、短期的には現実資本の運動とは独自な運動を展開しうるが、長期的には現実資本から離れて独り歩きし続けることはできないのである。

⑻　この株式の持ち合いには、資本取引の自由化への対応策としての意味合いもあった。
⑼　「バブル」の概念規定については様々な説があるが、それらの説を整理したものとしては、衣川恵『現代日本の金融経済』（中央大学出版部、1995年、145ページ）などがある。

そこで、日本の株式価格は1990年に反転し、それ以降現代に至るまで崩落ないし低迷の一途を辿ることになるが、第3章と第4章で詳しく論じるように、こうした株式価格の劇的な崩落は株式価格上昇の根拠が現実資本の動向の変化の中で次第に失われ、投機や株価操作が反転し、株式価格が暴落、低迷していく過程となった。とりわけ1991年以降の不況は、プラザ合意以後において本来長期化すべきであった不況が先送りされてきたものであり、その矛盾が一層増した形で顕在化したものであるが、こうした不況が企業や金融機関の株価操作の基礎を奪っていったのである。

3．株式価格の法則的水準の顕在化

～現実の株価の法則的水準（配当の資本還元値）への回帰～

ここにおいて忘れてはならないことは、この過程が単なる株価下落の過程であったのではなく、法則的水準（配当の資本還元値）から遥か上方に乖離（かいり）させられ続けてきた株式価格が、その法則的な水準へ引き寄せられようとする過程、すなわち法則の強制的な発現の過程でもあったということである。1960年代以降続いてきた、株式の相互持ち合いや政策投資や証券会社の操作などの人為的な株価吊り上げ機構、および1980年代後半からの投機的な資金運用といった、株価をその法則的水準から乖離させていた諸要因自体が、現実資本の動向の中でその解体を迫られたからである。

図1－1を見ていただきたい。この図は、日本の現実の株式価格とその法則的な水準との関係を見るために、株式の配当利回り（配当÷株価）と利子率、そして株価を比較したものである。なお、株価は日経平均株価ではなく単純株価平均を用いた。日経平均株価は、無償増資に関連したものとはいえ実在しない「架空」の株価指標にすぎず、現実の株価ではないからである[10]。

株式価格は、貨幣資本が貸し付け資本としての運動を展開する結果として形成されるものであるから、いわゆる「リスクプレミアム」を度外視すれば、本来、株式の配当利回りと利子率は一致するはずのものである。したがって、この両者が一致していれば、それは現実の株価水準がその法則的水準通りに推移

図１－１　日本の株価、配当利回り、長期金利

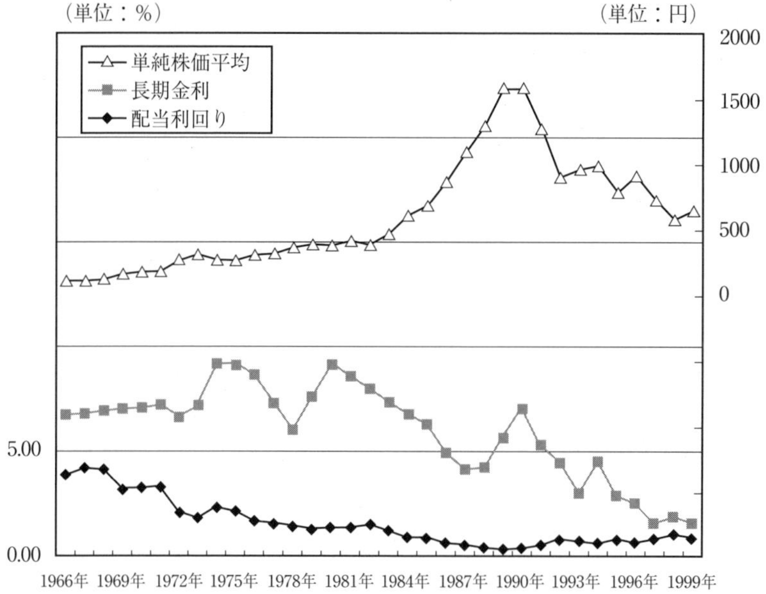

（注）配当利回りと長期金利の目盛りは左であり、株価は右の目盛り。
配当利回りは、東証一部市場。
長期金利は、国債利回り（10年）
単純株価平均は、東証一部市場。
（出所）東京証券取引所『証券統計年報』2000年度版、および日本銀行国際局『日本経済を中心とする国際比較統計』各年版、より作成。

していることを表し、逆に両者が一致していないということは、現実の株価水準が法則的水準から乖離していることを意味する。だから、例えば株式の配当利回りが利子率よりも低ければ、その株価は法則的な水準よりも高い水準にあるということになる。

この図は、1980年代末までに株価操作や投機によってその法則的水準から大

⑽　日経平均株価は、無償増資に関連して現実の株価が下落したとしても、それを下落として扱わず、上昇したままの株価として公表するという企業サイドに立った株価指標である。したがって、現実の株価は下落しているのにそれを下落として扱わず、上昇したままとして扱うのだから、現実の株価とは乖離が生じることになる。現実の株価の平均が数百円台であるにもかかわらず、日経平均株価が数万円台を指し示しているのはこのためである。

きく上方に乖離させられていた日本の株価が、1990年代においてその法則的な水準に引き戻される過程であったことを示している。それは、次の二つの点において現れているように思われる。一つは、1991年から1992年までの公定歩合の引き下げを契機とした市場利子率の低下が株価下落を阻止する効果を即座に発揮しなかったという点において、現れている。

この点を明らかにするために、現実の株価がその法則的な水準よりも高いということが、一般投資家にとって一体どういうことを意味しているのかということを最初に見ておこう。それは、株価が高すぎるので配当による収益（配当利回り）だけを考慮した場合、銀行預金や債券などに比べて割に合わないということを意味している。例えば、利子率が２％である時、配当５円の株式を、その法則的水準に当たる250円という価格においてではなく、それを超える500円という値段で一般投資家が購入したとしよう。もし、250円でこの株式を買っていれば、配当による収益率（配当利回り）は２％（＝５円÷250円）となり、銀行預金などの利子率に相当する収益率が得られたであろうが、500円で買っているので配当による収益率は１％（＝５円÷500円）であり、銀行預金などの金利である２％よりも明らかに劣ることになる。

このように、株式をその法則的水準よりも高値で買うということは、一般投資家にしてみれば無理を伴うことなのであるが、問題は一体なぜ実際に株式がこうした高値で買われ続けてきたのかということである。それは、企業などが株価操作などを行い、株価を意図的に上昇させていたからである。それがゆえに、一般の投資家は、たとえ配当による収益率が低くても、株価が値上がりした時点でそれを売却すれば「値上がり益」という高い収益が得られることになるので、株を高値であっても買っていたのである。日本の株価が法則的水準をはるかに超え続けてこられたのは、企業などによる株価操作という舞台装置によるところが大きかったのである。

ところが、1990年代に入ると、こうした株価操作が困難になった。株価が値上がりするという舞台裏の装置が機能しなくなれば、一般の投資家が株を高値で買い続けることなど到底できないことである。銀行預金のほうがはるかに安全であり、収益率がよい。事実、1992年の時点においても配当による収益率が

0.88％であるのに対して、市場利子率は4.52％であり、依然として配当による収益率と市場利子率とには大きな開きがあった。当然のことながら、株は、銀行預金などとの裁定の上、その妥当な水準まで値下がりせざるを得ない。それゆえ、公定歩合が連続的に引き下げられ、市場金利が低下させられたとしても、株価の値下がりは止まらなかったのである。

このように、公定歩合の引き下げといった株価維持政策が初期の段階において効果を発揮しなかったことは、株価操作の消滅によって株式価格を規定する法則が貫徹し始めたこと、現実の株価がその法則的な水準へ引き寄せられ始めたことを意味するのである。

もう一つは、その後の1993年から近年に至るまで行われ続けた公定歩合の引き下げを契機とした市場利子率の低下によって、ようやく現実の株価の下落が鈍化し始めた点において、現れている。現実の株価の下落が鈍化したのは、市場利子率を限りなく零（ぜろ）の水準に近づけ、おおよそ株式の配当利回りとほぼ同じ水準にまでなった時である。利子率とほぼ同じ配当利回りを株式投資によって得ることが可能になって初めて、一般の資金が株式投資へ流れ込む道筋が開かれ、株価の下落が止まった。つまり、現実の株価がその法則的水準である配当の資本還元値にほぼ一致した時に株価の下落が止まったのである。

ただし、利子率を人為的に零の水準へ限りなく近づけることによって無理に均衡を保とうとしているので、その均衡自体が不安定なものであるということは言うまでもない。すなわち、現実の株価を徹底的に低下させて、法則的な水準にまで戻してやるのではなく、逆に強引なまでの利子率の引き下げを通じて法則的な株価水準自体を無理に引き上げることによって（株価の法則的水準は、配当の利子率での資本還元値だから、利子率の無理な引き上げは法則的水準の人為的な引き上げを意味する）、現実の株価水準を温存させるという逆転した形において均衡が保たれている。それゆえ、株価が暴落し、ピーク時に比べて株価水準が下がったとはいえ、2000年においても株価水準は、「異常な株価の上昇」と言われた1986年の水準が「塩漬け」状態で温存されたままである。

このように、**図１－１**は、配当の利子率による資本還元値が株価の法則的水準であること、そして1990年代以降の株価の崩落および低迷が、現実の株価のその法則的水準への回帰過程であったことを示している。

以上のように株式価格は、配当の利子率による資本還元値をその法則的水準としつつ、資本主義の発展段階、現実資本のあり方によって規定される。本書は、こうした立場から1980年代後半以降の資本主義的蓄積様式を分析視角として、株式価格の変動を追うものである。なお、1980年代後半の株式価格の急上昇の理解をめぐっては、様々な株式価格理論に基づき、多くの研究者からいろいろな分析視角が提示されている。そこで、実際に現状分析を行う前に、次節において何故本書のような分析視角をとる必要性があるのかを、代表的な諸理論との対比の中でもう少し論じようと思う。

第3節 1980年代後半の日本の株価に関する諸説の検討

1980年代後半の株式価格の急上昇を考察する際の分析視角については様々な株式価格決定の理論に基づいて展開されているので、まずここで、近年の株式価格の理論に関する研究動向について少し整理しておくのが便宜であろう。

近年の株式に関する研究の特徴は、株式市場の技術的発展を反映する形で、株式市場の技術的発展に関する問題、すなわち「オプション評価モデル」(OPM: Option Pricing Model)(11)などが研究の中心となっていて、株式価格がいかにして決定されるかという基本問題の研究については従来の枠組みを越えるものはあまりなされていないように思われる。

オプション評価モデルは、ロバーツとオズボンの「ランダムウォーク」説を基にサミュエルソン(12)が体系化した「効率的市場仮説」をその理論的根底に据えたものであるが、こうしたオプション評価モデル、効率的市場仮説のいずれも、株式価格がいかにして決定されるのかという最も本質的な問題をそれ自体としては研究対象とするものではない。オプション評価モデルは、一定の株式価格において、オプションの価格がいかにして決まるかを論じたものであって、そこにおいて株式価格というものは、基本的に所与のもの、あるいは仮定されたものとなっている。また、効率的市場仮説も、公定歩合や企業情報に代表される様々な諸情報が瞬時に株式市場に反映されれば、今日の株式価格は昨日までに与えられていた情報とは別の要因によって動かされることになり、過去や現在の株式価格の系列に規則的なパターンは見いだされないということ(13)、すなわち株式市場の「特性」を論じたものであって、株式価格の高さそれ自体に言及するものではない。

このように、近年の株式研究においては、株式市場の技術的発展に関する研究において様々な研究がなされている反面、こと株式価格の決定理論という点に関しては、亜種が誕生してくることはあっても、理論の基本的な枠組みとしては伝統的な株式価格論を越えるような新たなる有力な説はあまり出ていないというのが現状である。

さて、こうした近年の株式価格決定の理論に関する近年の研究動向を踏まえた上で、1980年代後半以降の株式価格の運動をめぐって各論者によって提起されている分析視角、その依拠する株式価格決定の諸理論について検討を試みよう。ここでは、代表的な株式価格理論として、PERに基づく株価論、株価純資産倍率（PBR: Price Book-Value Ratio）に基づく株価論を取り上げることにする。

なお、この他にも、資本資産価格形成モデル（CAPM: capital asset pricing model）が挙げられるかもしれない。CAPMは、効率的市場仮説とポートフ

---

(11)　オプションの理論については、詳しくは飯原慶雄他著、名古屋証券取引所監修『株式市場とオプション取引』（中央経済社、1989年）を参照されたい。

(12)　オズボン（M.F.Osborne）は、株価の運動が微粒子の運動であるブラウン運動に似ていると説いた物理学者であり、“Brownian Motion in the Stock Market”, *Operation Research* 7, March-April 1959.を著した。また、ロバーツ（H.V.Roberts）の著作としては、“Stock Market Patterns and Financial Analysis: Methodological Suggestions”, *Journal of Finance*, March 1959.がある。また、サミュエルソン（P.A.Samuelson）は、効率的市場仮説のメカニズムを理論経済学者として最初に規定した人物であり、“Proof that Properly Anticipated Prices Fluctuate Randomly”, *Industrial Management Review* 6, 1965.を著した。

(13)　「ランダム仮説」については、株式価格の変動における理論的根拠を認めない理論であると解釈する議論もある。例えば、副島保『株式経済論』中央経済社、1977年、226ページ、参照。

ォリオ理論（資産選択論）を基礎としてW・F・シャープ[14]が考え出した理論であって、所与の危険度に対して利益を最大にするという投資家の投資態度、ポートフォリオ理論（資産選択論）に基づいて個別資産の価格が効率的市場においていかに決定されるかを論じたものである。CAPMによれば、株式の理論価格は配当と値上がり益を合計し、これを利子率とリスクプレミアムで割り引くことによって求められることになる[15]。だが、CAPMは、株式の値上がり益を株式の理論価格に組み入れていることからも分かるように、株式の価格を株式の価格によって説明している一面がある。株式の値上がり益は、株式価格の上昇によってもたらされるものだが、その値上がり益をもたらした株式価格の上昇が一体何故生じたのかはここでは明らかにされていないからである。CAPMは、株式価格決定の理論というよりは、むしろ所与の株式価格を前提ないし仮定した上で、株式投資から生じる利益をはじき出すという機関投資家などの投資決定理論なのである。よってここでは、CAPMは取り上げないことにする。

1.「PERに基づく株価説」の検討
〜『日本銀行月報』の株価分析は本当か〜

株式価格の決定理論において最も有力であり、かつ広範に採用されているのは、PERの理論であろう。PERの理論は、「株価は、配当ではなく、企業の利益によって決まる」とする考え方であり、一般の人々にも大変分かりやすく、また説得力のある魅力的な理論である。

このPERの理論は、「利回り革命」の中で生まれてきた理論である。過小資本化に基づく無償増資による株主への利益還元が行われるようになってくると、株式市場では投資家は直接的な配当だけではなく、むしろそれ以上に将来の無償増資を期待して株式を購入しようとする。そこで、無償増資の可能性は一株当たりの利益がどれだけになっているかによってその余地が決まるので、株式価格は配当だけではなく、株主へは分配されないところの内部留保もそれに加えたところの一株当たりの利益によって規定されるのだ、という考え方が登場してきた。これがPERの理論である。

PERの考え方に基づいて1980年代後半以降の日本の株式価格の変動を説明する論者は非常に多い[16]。例えば、「1株当たりの企業利益を利子率で割ったものが、株価の理論値になる」という考え方などがそれである。日本銀行などもPERの考え方を採用しており、PERは、日本のバブル時の株価を分析する上でもはや通説としての地位を確立しているといってよい。だが、私はPERの妥当性にあえて異議を唱えたいと思う。というのも、PERの理論は、一般株主には決して分配されないところの内部留保も含めて株式価格を考えている点に問題があるからである。生産的活動によって獲得された企業の利益は配当と内部留保へと分割されることになるが、株価はこの配当との関連で論じられるべきものであって、内部留保も含めて考えられるべきものではないと思うのである。

そこで、PERの理論が株価理論として果たして妥当性を持ちうるのか、またこうした理論を採用した場合にどのような弊害が発生するのかについて、ここで立ち入って検討を加えてみよう。まず、PERの含意について明らかにすることから議論を始めなければならない。

PERの意味するものとは何か。この点を、配当の利子率での資本還元値の理論との対比の中で示そう。PERとは株価を1株当たりの利益で除したものであるが、その含意は、その逆数である「益回り」を見れば明らかとなる。PERの計算式の分母と分子をひっくり返すと「(配当＋内部留保）÷株価」となる。いわゆる「益回り」である。利子率との比較の中で、株を買ったことによってどれだけの「配当」が株価との関係で得られるのかを論じるものが「配当の資本還元値」の考え方だとすれば、「益回り」すなわちPERの考え方は、株を

---

(14)　シャープ（W.F.Sharpe）は、マコービッツ（H.A.Markowitz）の理論をもとに資本資産評価モデルを開発したアメリカの経済学者であり、*Capital Asset Prices-A Theory of Market Equilibrium under Conditions of Risk,* 1964.を著した。

(15)　岡本勝美『転機に立つ株式市場』東洋経済新報社、1979年、57ページ。

(16)　PERを基に株式価格を分析しようとするものとしては、日本銀行「平成元年度の金融および経済の動向――大型景気の実現と対外収支調整の進展――」〈調査月報〉1990年5月号、40～44ページ、などがある。

買ったことによってどれだけの「配当プラス内部留保」が得られるのかを論じる発想であると言ってよい。「内部留保を含めて株価を考えるということは、すべきではない」という立場をとるのか、それとも「内部留保を含めて株価を考えるべきである」という立場をとるのか、いずれの立場をとるのかが両者の決定的な違いである。

私は、「配当の資本還元」の立場、すなわち「内部留保を含めて株価を考えるということは、すべきではない」とする立場をとる。確かに内部留保は、将来において株主に配当金の増加や無償増資という何らかの形で恩恵をもたらすということはありうるから、一見すると内部留保も含めて株価を考える方が正しいようにも思われる。だが、果たして本当にそうであろうか。何よりも注意しなければならない点は、内部留保とは一般株主に分配しないことにこそ、その本来の意味があるということである。

企業が獲得した利益を増配、あるいは無償増資に伴う配当支払いの増加によって企業の外部へ流出させてしまったら、企業は資本蓄積に遅れをとることになる。したがって、内部留保が将来において一般株主に配当金の増加や無償増資などの形で恩恵を与えることがたとえあったとしても、それはごくわずかの限られた現象であるにすぎない。支配株主（大株主）と従属株主（零細株主）との分化が進み、従属株主の従属性の度合が強まれば強まるほどこうした傾向は顕著になる。もし、内部留保が一般株主にとって何らかの意味を持つことがあるとすれば、それは一時的な経営悪化の際に、現状の低い配当金額をそのまま据え置いてもらえるのか否かという程度にすぎないのであって、本来、内部留保とは、一般株主とは別のところで企業のために機能しているものである。

つまり内部留保とは、文字通り、一般株主には分配されることのない利益部分なのである。したがって、この内部留保を含めて株価の妥当な水準を考えるという立場をとるとすると、言い換えればPERの立場をとるとすると、安定配当政策をとっている日本のケースなどにおいては特に、正当に株式価格を評価し得ない可能性が生じる。

株式価格を正当に評価し得ない可能性が生じるというPERの理論の問題点は、例えば1980年代後半の日本の株価水準の評価に端的に現れている。PER

の理論に従うならば、異常な暴騰を開始した1986年や1987年の株価は「合理的」であり「異常ではない」ということにならざるを得ないように思われる。というのも、PERの逆数である「益回り」は２％程度であり、当時の利子率とほぼ一致しているからである。実際、PERの理論を採用している少なからぬ論者が、こうした根拠に基づきこの時期の株式価格について「合理的」であり「異常ではない」という評価を下している。

「異常ではない」とされるのは、1986年や1987年の時ばかりではない。バブルのほぼ絶頂期といっても過言ではない1989年前期の株価ですら「合理的」であり「異常ではない」とされている。例えば、PERの理論を採用する「日本銀行月報」に至っては、１株当たりの企業利益、すなわち「益回り」と利子率とを比較しながら、「株価が『割高』であったのは、…（中略）…株価がピークを迎える平成元年後半（1989年後半…佐藤）以降」(17)だけであった、とバブルが崩壊した後においても主張し続けている。

もちろん、PERの理論を採用する論者の間でも意見の相違は存在する。例えば、「1982年までは株価は妥当であるが、それ以後の株価は高すぎる」とする論者もいる。とはいえ、1980年代初めであれ、1986～1987年であれ、1989年であれ、PERの理論を採用する論者におおよそのところ共通している点は、程度の差こそあれ、多かれ少なかれ1980年代の株価を「合理的」であり「異常ではない」としている点である(18)。日本銀行の主張に典型的に現れているが、こうしたPERの理論に基づく分析結果は、その後の株価の急落という事実と

---

(17)　日本銀行「平成４年度の金融および経済の動向――景気調整メカニズムと回復への展望――」〈日本銀行月報〉1993年６月号、42ページ。

(18)　確かに、PERの理論を採用する論者であっても、1980年代後半の株価は異常であるが、それ以前の株価は「合理的」であると判断する論者もいる。だが、たとえ、1980年代初期であっても、株価は割高と見るべきである。本文で論じてあるように、内部留保は、1970年代や1980年代であっても、一般株主には分配されていないからである。やはり、PERを採用する限り正当な株価判断を誤るように思われる。なお、本書では、PERの理論を、「１株当たりの企業利益を利子率で割ったものが、株価の理論値になる」という考え方に即して検討をすすめたが、PERを利子率とは関連させずに、株価が１株当たりの利益の何倍になっているのかを、外国のそれとの比較を通して、日本の株価が高いか低いかを論じる説もある。だが、たとえそうした説であっても、内部留保を含めて株価を考えている点においては、基本構造は何も変わりはないから同様の批判が当てはまりうる。

も考え合わせると一層理解し難い分析結果であると言わざるを得ないであろう。

PERの理論に基づいて現実を分析しようとすると、こうした理解し難い分析結果を招くのは一体何故か。その理由および謎を解き明かそう。それは言うまでもなく、PERの理論が配当だけでなく内部留保も加えた上で株価の妥当な水準を考えているからである。この謎を解くために、まず日本における内部留保の現実を見ることから始めよう。

内部留保が、本来、一般株主に分配されるという性質のものではないことは既に述べたが、1980年代後半においても、内部留保は配当金の増加や無償増資という形で一般株主にまったくと言っていいほど還元されていない。

最初に、配当金から見ていこう。**図1－2**を見ていただきたい。これは、1980年代後半の日本の上場企業（東証一部）の1株当たりの利益と平均配当金を比較したものである。この図によると、利益の増加が配当の増加という形で一般株主に還元されていないことが分かる。1株当たりの利益は1989年には1986年の約1.5倍にも増加しているが、配当はほとんど据え置かれたままである。内部留保が、配当の増加という形で株主に分配されたのではないことが分かる。

図1－2　1980年代後半における
日本の企業の1株当たりの当期利益と配当金

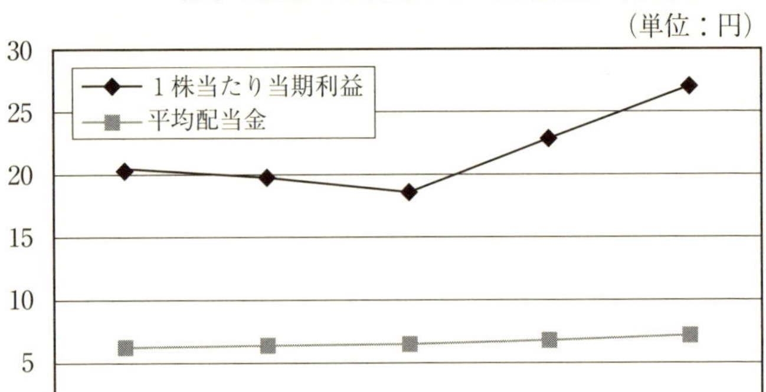

（注）本資料は東証一部会社。
（出所）東京証券取引所『証券統計年報』（2000年版）より作成。

次に、無償増資についてであるが、これも1980年代後半は、1980年代前半と大きな変化は見られない。これは何故かというと、無償増資といえども結局は企業の配当負担の増加、すなわち資本蓄積のための資金の外部流出を伴うので企業は無償増資を頻繁に行えないからである。このように、配当金の増加や無償増資という形での一般株主への還元がほとんど行われていないので、**表１－１**

表１―１　日本の1980年代後半の配当性向

（単位：％）

年	配当性向
1986年	34.76
1987年	29.24
1988年	28.13
1989年	27.64

（注）　本資料は東証一部会社。
（出所）　東京証券取引所『証券統計年報』（1996年版）より作成。

図１－３　1970年代後半から1980年代前半における日本の１株当たりの利益と平均配当金

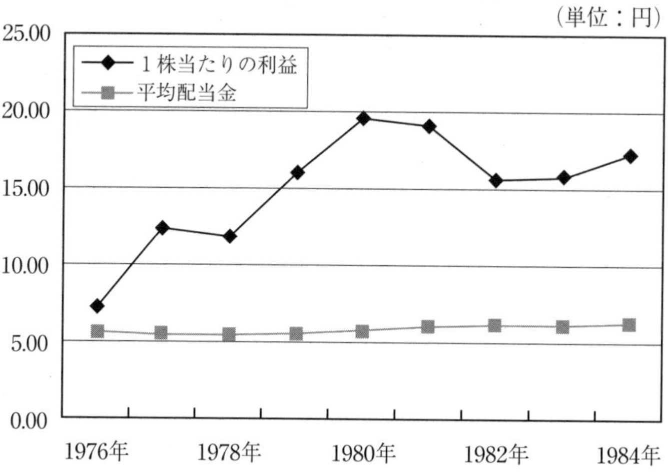

（注）本資料は東証一部会社。
（出所）東京証券取引所『証券統計年報』（2000年版）より作成。

図1－4　1970年代後半から1980年代にかけての日本の配当性向

（単位：％）

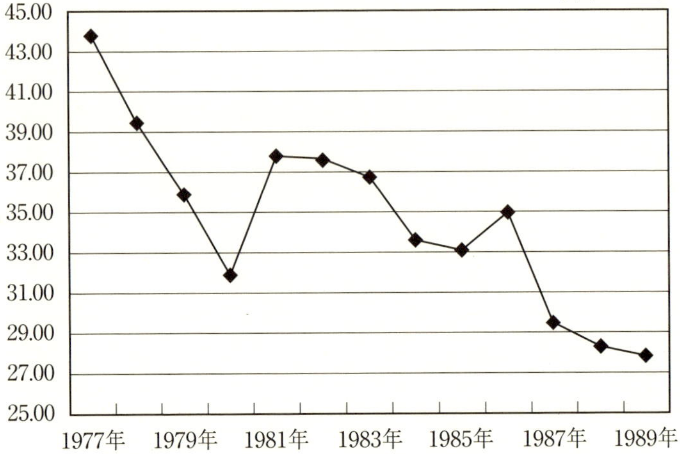

（出所）東京証券取引所『証券統計年報』（2000年版）より作成。

にあるように、1980年代後半の企業の配当性向は低下の一途を辿っている。

もちろん、こうした現象は何も1980年代後半に限った傾向ではない。**図1－3**と**図1－4**を見ていただきたい。**図1－3**と**図1－4**はそれぞれ、1970年代後半から1980年代前半における1株当たりの利益と配当金との比較、配当性向の推移を示したものである。1株当たりの利益は鮮やかな上昇傾向を示しているのに対して、1株当たりの配当はずっと据え置かれていることが見事なまでに描かれている。その結果、配当性向は低下の傾向を辿っている。内部留保は企業の利益の増大をもたらす原資となることはあっても、配当の増加に寄与していないことが見てとれる。いかに、内部留保が一般株主に還元されるものではないということが分かるであろう。「内部留保は将来の企業利益を増やし、その結果、やがては増配や無償増資などの形で一般株主に将来において還元されることになる」というPERの論理は一見もっともらしく聞こえるが、日本において典型的に見られるように通常の状態であれば、絶えず資本蓄積を使命とする企業においては成り立ち得ない論理なのである。

一般の株主には分配されることのない内部留保までも、PERの理論は、株価水準の妥当性を見る尺度に余分に上乗せしているから、PERの理論にあっては、その分だけ不当に水増しされて「妥当な株価水準」が異様なほど高めに設定されることになる。そのため、人為的な株価操作や無理な投機によって現実の株価が異常な高水準にあったとしても、それは「決して高くはなく」、「妥当」で「合理的な」水準であるとPERの理論は一般の人たちに伝えることになる。人為的な株価操作や過剰な投機という要素が、内部留保の影によって全て覆い隠されてしまうという仕組みになっているのである。「日本銀行月報」が、「バブル」のほぼピーク時の株価ですら「異常ではない」と結論づける結果になったのはこのためである。

1988年当時、新聞などでは、PERという尺度を用いながら、「今の株価水準は、決して高すぎることはなく、妥当な水準である」という識者の意見を紹介していたが、PERの理論は結果的に投機や株価操作を覆い隠し、一般の人たちの資金を危険な株式市場へ流し込み、彼らに損失をもたらす役割を果たしたように思われる。

もし、一般の人たちにとって、「企業利益が妥当な株価水準を決める」というPERの理論が説得的に見えるとすれば、それは企業利益が向上しそうだという将来の見込みの中で、一般投資家が株式を購入し、その結果として株価が上昇するという現象がよく見受けられるからであるが、しかし、たとえ予想通り実際に企業の利益の向上が現実のものとなったとしても、その増加した企業利益が配当の増加という形で一般株主に還元されることはほとんどないので、時間的な問題こそあれ、結局は将来の期待に基づく一時的な株価上昇と、その期待がさめた後に必然的に発生する株価下落が起こるだけなのである。

2.「PBRに基づく株価説」の検討

PBRは、企業の保有する資産から株式価格の水準を判断しようとする考え方である。こうした考え方をとる論者が依拠する株式価格決定の理論は、とりわけその時価評価版たるQレシオ（Q Ratio：株価を1株当たりの企業保有資産の市場価値で割ったもの）である。1980年代後半においては土地価格の高騰とも関わって、企業の保有する土地などを時価で評価して、株式価格を分析するという方法が注目されたのであった[19]。

この株式価格決定理論の根拠は、一般に次のように言われている。

「企業が解散した場合、その株式を所有している者には負債を差し引いた残りの企業の資産が与えられることになる。よって、株式の価格は、企業の資産と関連をもつことになるはずである。あるいはまた、解散ということを考えなくても、次のようなことが考えられる。投資家が資本を投下して収益を獲得する場合、実際に貨幣資本を現実資本へ転化させ、新規に企業を設立するという方法と株式市場において既存企業を買収するという方法とがあるが、両者の要する費用は投資家の裁定行動の結果として同じになるから、株式の価格は企業の保有する資産と関連をもつことになるはずである。よって、企業が解散する場合を想定するにしろ、企業の買収ということを想定するにしろ、企業の保有する資産は株式価格の水準に影響を与えると言える。すなわち、株式価格に対する企業の自己資本（一株あたりのそれ）の比率が１よりも大きければ、その株式価格は過大評価されているということになり、逆に１より小さければ過小評価されているということになるのである」

こうしたPBRの理論に依拠して1980年代後半の株式価格の運動を分析しようとする際、こうした人たちが着目するのは企業の保有する資産のうちの不動産、とりわけ土地である。すなわち、一般的には次のように論じられる。

「日本の場合は、会計処理上資産としての土地は取得価格のままで処理され、含み益があり、そうした状況の中で土地価格が異常な上昇を示した。よって、こうした土地価格の上昇は、企業の解散時には株主に帰属する資産を大きくすることになる。また、企業の解散ということを考えなくても、土地価格の上昇は株式市場での企業の評価を高めることになる。例えば、土地を売却すれば赤字補填や経営の多角化のための資金を捻出するのに役立つし、また銀行借入れの際の担保ともなりうる。さらに、土地価格の上昇は土地の含み益を増大させ、株主への利益還元に資する。1980年代後半に株式価格が高騰したのは、企業の保有するこうした土地資産が投資家によって評価されたからに他ならないのだ」

以上が、PBRに依拠して分析しようとする論者に見られるほぼ共通した主張である。こうした分析視角は、当時極めて説得的に人々に受け入れられた。というのも、こうした考え方が1980年代後半の経済状況を端的に表現しているように見えたからである。1986年は実体経済がいわゆる「円高不況」下にあったので、そうした不況下にあって土地の含み益は企業の経営の安定性や利益向上を示すものであったかのように思えたのである。

しかし私は、こうした分析視角にも、またそれが依拠するところの株式価格決定の理論にも問題点が含まれていると考える。というのも、まずこうした考え方の基礎となっている株式価格決定の理論であるPBRについて言えば、株式価格が企業の保有する資産によって直接に規定されるのは、川合一郎氏が指摘しておられるように通常ではあり得ないことだからである[20]。

確かに、株式は配当を受け取る権利を示すものであるという側面だけではなく、PBRの理論が論じているように、企業の解散時に残余財産の分配にあずかる権利を示すものであるし、また一つには、経営権の一可除部分を示すものでもある。こうした株式の持つ側面に応じて株式に対する需要が起こり、株式価格が形成されることもありうる。例えば、過去の歴史が示すように、解散が先行き明らかであるような企業の株式は、配当がたとえ零(ぜろ)であっても、投資家がその残余財産の分配をあてにして株式を購入するために、企業の保有資産に規定されて価格が形成されるということはありうる[21]。しかし、くれぐれも注意しなければならないことは、PBRの立論が妥当性をもちうるのは、株式会社の解散や買収が行われ、そうした動機が株式市場を支配するようになる時だけであるということである。企業が到底解散しそうにもない状況下で、投資家

---

(19)　PBR的な考え方をするものとしては、経済企画庁『経済白書　平成3年版』大蔵省印刷局、1991年（165ページ）がある。そこでは、「株価総額は企業が保有する有形、無形の資産に対する評価額の総計である」とされ、「地価上昇も土地を保有する企業の資産価値を高め、その株価の上昇をもたらした」と述べられている。

(20)　川合一郎、前掲書、20ページ。川合一郎「株価形成のメカニズム」（『川合一郎著作集第4巻「戦後経済と証券市場」』有斐閣、1981年所収）、194ページ。

(21)　例えば、川合一郎『川合一郎著作集第3巻「株式価格形成の理論」』有斐閣、1981年、21ページを参照されたい。

が企業の解散価値を目的として株式の購入価格を定めることはないし、また企業の買収について言えば、いったん支配の交替が終われば買収動機の株式の購入も終焉し、日々の株式の需要はそれによっては規定されなくなるからである[22]。通常の状態においては、こうした解散や買収を意図した株式の購入が株式市場を支配するということはなく、それらから起こる需要は市場の背後に退いているか市場の片隅に位置しているにすぎないから、企業の資産価値それ自体が株式価格を規定することはないのである。

このようにPBRの理論は、企業の解散や買収などの特定の限られた局面でのみ妥当性を持ちうるものであって、株式価格の理論として一般化することはできないように思われる。実際、1980年代後半という時期も、PBRの立論が成り立ちうるような状況下にはなかったように思われる。すなわち、企業の解散や買収が問われた時期ではなかったように思うのである。

1980年代後半において見られた株式価格の上昇は、個別的な銘柄について起こった現象ではなく市場全体について起こった現象であるから、企業の解散や買収も個別的なものではなく、ほぼすべての企業について問われなければならないことになろう。だが、1980年代後半がそういう時期でなかったことは誰の目にも明らかである。東京証券取引所1部に上場している一流企業が、ほぼすべて解散や買収という状況に直面したなどということはなかった。したがって、PBRが妥当する理論的根拠は、1980年代後半という時期においては見いだせないというべきである。

第二に、間接的にはともかく、直接的には企業の保有する土地資産が株式価格に影響を与えたという事実はないからである。1980年代後半以降の株式価格の運動を分析するに際し、PBRに依拠しようとする論者は、企業の解散や買収を想定せずとも企業の資産としての土地の価格が株式価格に影響を与えうると見る。すなわち、先に触れたように、土地の含み益による株主への利益分配、あるいは赤字補填や事業展開のための資金源ということである。

こうした主張は一見説得的に見える。だが、果たして本当にそうであったのだろうか。私はそうではないと思う。というのも、土地の含み益による株主への利益分配ということについて言えば、株式価格の急激な上昇が見られた1980

年代後半において株主への利益分配、すなわち配当や無償増資にその痕跡がまったく見当たらないからである。例えば、無償増資や株式分割は、金額ベースで見ると1985年に681億円であったものが1986年には418億円、そして1987年には1985年の約半分の343億円へと大きく減少している。また、数量ベースで見ても、1985年の44億株から1986年に39億株、1987年には33億株へと減少している。数量ベースで1985年の水準を上回るようになるのは、株価暴落前夜の1989年になってからのことである[23]。株式価格の急激な上昇は、土地の含み益の株主への分配によって生じたわけではないのである。

何よりも、土地価格が株式価格に直接影響を与えたのではないということは両者の価格動向を見れば明らかである。土地価格が株式価格の運動を規定したというならば、両者の価格変動には連動性があるはずである。だが、株式価格の急激な上昇は、土地価格が上昇するよりも前に起こっている。土地価格が急激に上昇し出すのは1987年になってからのことであって、株式価格の上昇は土地価格の変動とは独立に起こっているのである。また、株価の暴落をとってみても同様である。1990年に株式価格は暴落するに至るが、当時、土地価格は依然として高騰を続けており、土地価格が暴落するのはようやく1992年になってからである。株式価格の暴落は、土地価格の動向とは独立して生じているのである。株式価格は、その上昇においても暴落においても、土地価格の変動とは（間接的な関連はともかく）直接的な関連はないように思われる。

以上、本章においては、株式価格が配当の利子率による資本還元値をその法則的水準としつつ、現実資本の運動、資本蓄積の様式のあり方、発展段階によって規定されることを諸説の検討もまじえながら論じてきた。そこで、次章以降では、こうした分析視角から1980年代後半から1990年代に至る日本とドイツの株価動向を分析しよう。

---

(22) 川合一郎、前掲書、37ページ。

(23) 東京証券取引所調査部「62年の証券市場」東京証券取引所〈証券〉1988年1月号、15ページ、および同「平成5年の証券市場」〈証券〉第46巻第538号、1994年、31ページ、参照。

第２章

1986～1987年における日本と西ドイツの実体経済と株式価格

第1節

問題の所在

1985年、日本と西ドイツの両国は巨額の対米貿易黒字を抱えていたため、プラザ合意によって為替調整による貿易不均衡の是正を迫られていくことになった。その過程の中で、日・米・西独の三国での協調利下げが行われ、周知のように日本では株や土地などの価格が急騰し、いわゆる「バブル」が形成されていった。西ドイツでもまた、株価はかなり高い水準となった。

だが、よく注意して見てみると、日本、西ドイツとも同じ対米貿易黒字国であり、不均衡是正と金利低下を迫られた国でありながら、この両国の金融市場の動向には大きな差が見られる。特に、それは株式市場において顕著であって、次のような二つの違いが見られる。

①プラザ合意後の1986年から1987年６月あたりまで日本の株価は爆発的な伸びを示していくのに対し、西ドイツの株価は低い水準で伸び悩んでしまった。

②その後の「ブラックマンデー」においては、西ドイツよりはるかに高水準にあった日本の株価はあまり下がらず、逆に日本よりずっと低い水準にあった西ドイツの株価は大暴落した(1)（**図２－１**参照）。

本章の課題は、こうした現象の原因を探ることにある。こうした特徴が成立してくる背景とは一体何であったのだろうか。また、何故こうした特徴を示して他の特徴を示さなかったのであろうか。

私は、両国の実体経済にその根本的な原因があると考える。日本では、プラザ合意を契機に、景気の特殊な反転様式の中で生産や設備投資の迅速な縮小が行われたため、過剰な貨幣資本が発生し、それがまた金利の低下を引き起こすというように「バブル」と言われるような株式価格の投機的暴騰の原因がつくり出されたが、西ドイツでは為替調整による実体経済への打撃は比較的軽微であったため、過剰な貨幣資本は発生せず、株式市場などで投機的運動を展開することはなかったと考えるのである。

以下、本章において、①の特徴は第２節で、②の特徴は第３節でそれぞれ取り扱っていく。

図２－１　日本と西ドイツの国民総生産、M1と株価[1)]

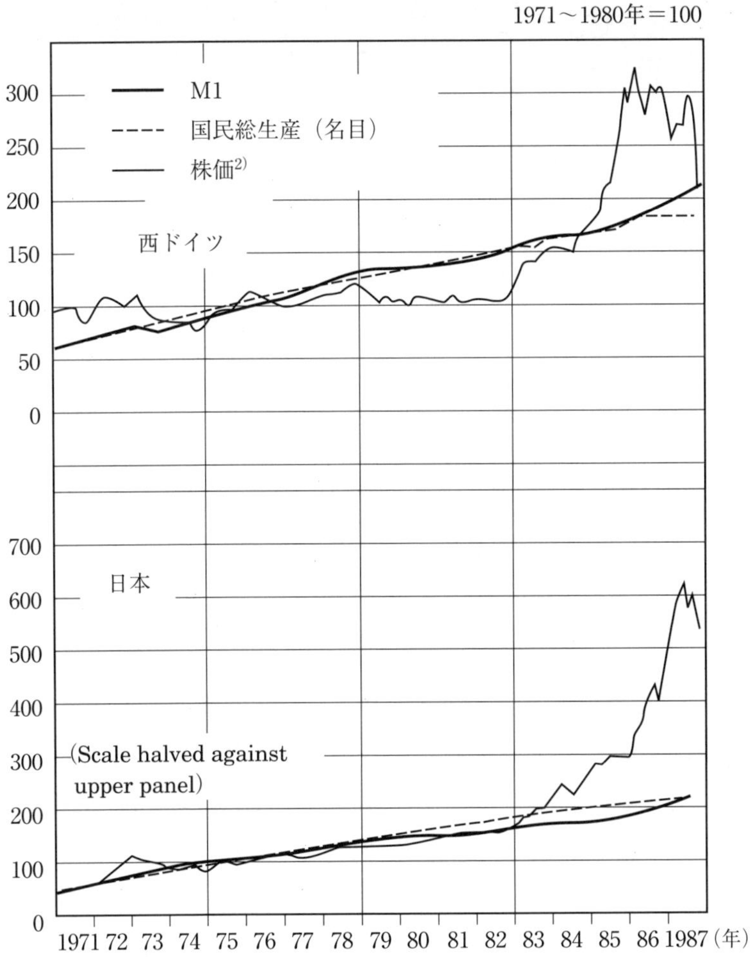

（注）１）日本の目盛りは小さくしてある。
２）西ドイツは連邦統計局の株価指数
日本は東証株価指数。

（出所）Deutsche Bundesbank, *Monthly Report of the Deutsche Bundesbank*, 12, 1987. S. 22.

---

(1)　GNPの伸びとの比較においてだけでなく、配当利回りという点においても日本の株価は西ドイツよりも高い水準にある。

第2節
プラザ合意からブラックマンデー前までの日本と西ドイツの株価動向

1．1986年からブラックマンデー前までの両国の株価動向をめぐる諸説の検討

スタグフレーションを打開するために、一方では高金利政策をとることによってドルの「対外的価値」を維持し、他方では所得税減税によって国内需要の拡大を喚起して国内景気の浮揚を図ろうとしてきたアメリカのレーガン大統領の政策は、1985年９月（プラザ合意）以降大きく転換していく。何故なら、高金利政策はアメリカ企業の設備投資を抑制し、経済活動の沈滞と貿易収支の大幅赤字をもたらしたし、所得税減税は歳出カットが思うように進まなかったこともあって巨額の財政赤字を発生させたからであった。そこでそれ以降、為替調整（ドル高からドル安へ）と内需拡大とによる貿易不均衡是正が国際間で目指されていくことになったのである。

その是正を迫られたのは、巨額の対米貿易黒字を抱えていた日本と西ドイツであった。これらの国では、内需拡大策として主に金利の引き下げが行われた。各国とも財政を出動させて内需の拡大を図るほどの余裕はあまりなかったし、またアメリカの国内景気を浮揚するのに必要なアメリカの国内金利の引き下げは、日本や西ドイツなどでの金利の引き下げを前提とせざるを得なかったからである。アメリカの個人貯蓄率が低下している上に銀行の資金は発展途上国などへの不良債権として焦げ付いたため、毎年2,000億ドルにも上る巨額な財政赤字をアメリカ一国でファイナンスすることはできなかった。つまり、アメリカの金利を日本や西ドイツよりも一定程度高めにして、海外の投資家にアメリカの国債を買ってもらう必要があった。だから、アメリカ国内の企業活動を活発にすることが必要だからといって、日本や西ドイツなどの金利動向とは関係なしにアメリカの金利だけを一方的に引き下げることはできなかったのである。

こうした一方でのドル安の進行と他方での金利の引き下げは、日本や西ドイ

ツの金融動向に大きな影響を与えていくことになるが、両国の間ではその現れ方がかなり違った。プラザ合意からブラックマンデー直前の1987年６月までの期間に限って言えば、日本では株価が驚異的な伸びを示していったが、西ドイツでは逆に伸び悩みを見せたのである。一体、何故であろうか。

この原因をめぐっては、幾つかの説が展開されている。それらの説を整理すると、大きく二つの潮流に分かれるように思われる。その一つの潮流は、両国の金融制度の相違にその原因を求めるものである。例えば、次のような見解である。

「西ドイツでは、日本と異なり、ユニバーサルバンク制度がとられおり、銀行業務と証券業務の双方を収益基盤としてもっている。それゆえ、第一に、日本の証券会社のように株式の手数料収入を得るために、無理な回転売買を行う必要がなかったし、また、第二に、信用供与の源泉を主として預金に求めているので、銀行は預金業務に専念し、顧客に証券の購入を積極的に勧めないことが多い」

もう一つの潮流は、次に見るような、西ドイツ連邦銀行の金融政策に原因を求めるものである。

「西ドイツ連邦銀行は、日本の中央銀行とは異なり、独立性が高く、また通貨価値の安定を重視して厳格な通貨政策をとっているため、金利の低下が日本に比べ起こりにくく、金利低下を見越した株式投資が起こりにくい」

確かに、ユニバーサルバンク制度といった金融制度の問題や、中央銀行の金融政策の問題という両国の違いが持つ意味は大きい。だが、私はこれらが両国の株式価格の動向の相違をもたらした根本原因ではないと考える。というのも、金融制度や金融政策が西ドイツの株式価格の急上昇をある程度抑えた面があるにしても、それらがそういう抑制効果を行使できたのは、実体経済の動向がその根底にあってそれを支えてきたからである。

そこでまず、第一の潮流であるユニバーサルバンク制度に着目する説について検討しよう。「西ドイツでユニバーサルバンク制度がとられているから、日本と違って無理な株式の売買を行う必要がなく、株価も大きく上がらずに済んだ」というが、では、無理な株の売買をすれば株価が上がるのかというと必ずしもそうではない。無理な売買にはやはり限界があって無限にできるものではないから、無限に行おうとしても、市場に株式購入の機運がなければ、証券会社が株価を上げようとしても売り浴びせられるだけである。したがって、西ドイツの株式価格が日本の株価より上がらなかった理由を、制度の違いに先だってまずもって明らかにしなければならないのである。

また、「西ドイツの銀行は預金業務に専念し、顧客に証券の購入を積極的に勧めないことが多い」と言われているが、こうしたことを西ドイツの銀行がやっていけるのは、預金・貸し出しの業務において利益が上げられる限りでのことである。例えば、経済の状況によって金余りが生じ、貸し出しが滞るか、あるいはまた経済状況によって利鞘が縮小するかすれば、西ドイツの銀行といえども預金・貸し出し業務にばかり専念しているわけにはいかなくなる。実際、近年、利鞘の縮小を背景に西ドイツのユニバーサルバンクが株のアンダーライト業務に新しい収益源を求めつつあるという。したがって、西ドイツの銀行がこの時に預金業務に専念し、顧客に証券の購入を積極的にすすめないことが多かったといっても、そうすることができた経済状況が明らかにされねばならないのである。

次に、第二の潮流である西ドイツ連邦銀行の金融政策に着目する説について検討しよう。「西ドイツ連銀が厳格な通貨政策をとっているため、金利の低下が日本に比べ起こりにくい」と言われているが、景気が非常に悪化すれば、独立性を誇る西ドイツ連邦銀行といえども景気対策から金利を引き下げざるを得ない。実際、独立性が高いと言われる西ドイツ連邦銀行でも、いわゆる「通貨価値の安定」よりも「景気対策」を優先した事実がある。したがって、西ドイツ連邦銀行が大きく金利を引き下げなくてもよいことを可能にした同国の実体経済の状況が明らかにされなければならないのである。

そこで私は、基本的な分析視角を両国の実体経済の動向に置いて、株式価格の動向の相違を論じようと思う。以下、この点について立ち入って論じていくわけだが、まず日本の事情から取り上げよう。

2．日本の実体経済と株価

日本の急激な株価上昇を支えたのは、外国人投資家ではなく国内の投資家、とりわけ金融機関、事業法人、投資信託などであった（**表2－1**参照）。それゆえ、これらの国内投資家が日本の株式の購入を増やした原因を見ることが、日本の急激な株価上昇を理解する上で重要となる。企業収益以外の要因によって株価が急上昇しているが、その原因は、上述した通り、まず第一に対米輸出依存度が高い状況下でプラザ合意を契機とした、特殊な景気反転様式によって生産や設備投資の迅速な抑制から“過剰な貸し付け可能な貨幣資本”が国内に発生したこと。そして第二に、この貸し付け可能な貨幣資本の供給過剰と製造業を救う手だてとしてとられた公定歩合の強力な引き下げとによって、金利が史上稀に見る水準にまで低下したことによるものである。まず、前者の問題から論じよう。

(1)　日本の対米輸出依存度の高さとその成立背景

最初に、対米輸出依存度の高さと対米貿易黒字が何故確立されてきたのかと

表2―1　1985～1987年における日本の投資家別株式売買状況

（単位：100万株、10億円）

	金融機関	投資信託	個　　人	外 国 人
	売　買　高			
1985年	1,461	454	▲1,866	▲1,815
1986年	1,871	604	▲3,144	▲4,711
1987年	1,425	1,256	▲2,650	▲8,139
	売 買 代 金			
1985年	1,118	391	▲1,442	▲1,047
1986年	2,525	868	▲3,035	▲4,244
1987年	3,872	1,469	▲2,627	▲8,497

（注）　東証一部。総合証券会社ベース。
　　　▲は売り越し。
（出所）　東京証券取引所『東証統計月報』各号より作成。

いうことについて少し触れておこう。

日本経済の拡大は輸出によって支えられたものであり、出荷指数の伸びに対する輸出の寄与度は、間接輸出分も含めて考えると1984年で実に49%にもなっているが[(2)]、そのうちの多くはアメリカ関連である。日本の全輸出に占めるアメリカの比重は1984年で36%、1985年で実に38%にも達している。何故、これほど対米輸出依存度が高いかというと、それは石油危機、特に第二次石油危機に原因がある。

下平尾勲氏が指摘されるように、第二次石油危機は、第一次石油危機以降の内需の低迷の下で生じた。実質民間最終消費が伸び悩む中で、第二次石油危機が海外への石油代金増加という形で狭隘な国内の有効需要を一層削減したので、企業ではコストダウンのみならず、技術的に優れ市場で売れるような競争力のある商品の生産と輸出強化とが外的に強制された[(3)]。つまり、そうしなければ没落の運命を担わざるを得なかったからである。

そして、こうした中でレーガン大統領の政策が日本の対米輸出拡大の条件を与えた。アメリカの高金利は過度のドル高・円安を発生させ、日本の輸出商品の価格面での有利性を増加させたからであり、また所得税減税はアメリカの商品にではなく、品質や機能面で優れた日本の商品に販路を提供することになったからである。日本は高い競争力とレーガン大統領によって与えられた対米輸出拡大の条件を下に対米輸出を大きく伸ばし、さらにそうした対米輸出で得られた利益を設備投資に回して一層の対米輸出拡大に励んだ。日本の高い対米輸出依存度は、こうして形成されたのである。

ところで、この過程は同時にまた、アメリカの対日貿易赤字の拡大過程でもあった。レーガン大統領の高金利政策がアメリカ産業の設備投資や消費者ニーズに対応する部面への資本移動を阻害し、その上交易条件の悪化（ドル高・円安）をもたらしたので、アメリカ産業の国際競争力は低下し、この間競争力を高めた日本との差が歴然となった。その結果、日本の対米貿易黒字は1985年に約400億ドルとなった。

⑵　プラザ合意と円高不況

まさに、こうした中で日本経済はプラザ合意を契機として円高不況を迎えた。1985年9月のプラザ合意による円高は、日本経済の不振をもたらした。円高が日本企業に輸出代金の円の手取り額の減少や輸出数量の伸び悩みをもたらし、日本の景気を支えていた対米輸出という柱を直撃したからであった。初め日本企業は、1ドル＝220円前後を前提にコスト計算をしていたといわれるが、円高はそれを遥かに超えて急激に進んだ。1986年に928億ドル、1987年に964億ドルという巨額の貿易黒字を抱えていたので、円高・ドル安の勢いは激しかったのである。「もし1ドル＝160円台が定着すれば輸出企業は値上げやコストダウンでは対応しきれない」とさえ言われた160円台も、プラザ合意から1年も経たない1986年7月に突破してしまい、その後、1987年4月には140円にすら到達するという状況であった（**図2－2**参照）。加えて、1986年においてはまだ為替の先物予約である程度為替リスクをカバーできたが、1987年になってくると先物自体が超円高となり、先物予約があまり意味をなさなくなってしまったのである。

図2－2　1986～1987年における円の対ドルレート

（単位：円）

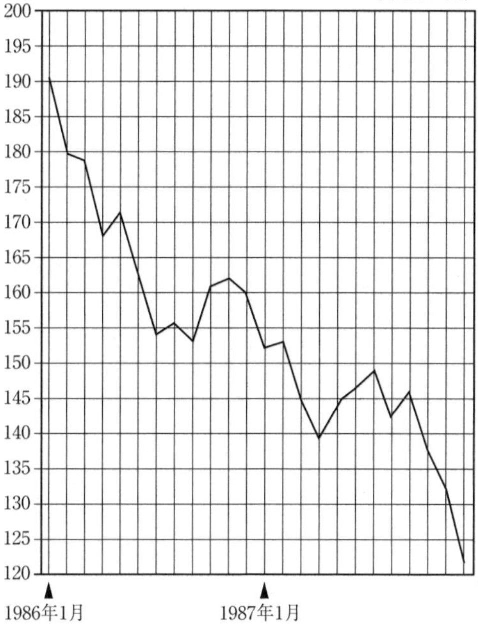

（注）月末。
（出所）東京銀行『東京銀行月報』より作成。

⑵　景気の牽引役となっている電機、輸送機械でそれぞれ35%、63%、また鉄鋼、パルプといった素材型産業でも50%前後となっている。

⑶　下平尾勲『円高と金融自由化の経済学』新評論、1987年、50～68ページ。

もちろん、輸出が打撃を受けた分、内需が増えれば企業の生産活動は停滞しないで済むわけだが、しかしそれは不可能であった。第一次石油危機の時に民間最終消費の急激な減少を輸出の増加で補って以来、日本は輸出依存度を一層強めていた上に、第二次石油危機以降は好調な対米輸出に依拠して能力増強関連の設備投資をかなり行っていたので、生産能力の推移と民間最終消費の推移とのギャップはかなり大きかった（**図２－３**参照）。だから、個人消費で輸出の打撃を吸収するといってもそう簡単なことではなかった。それどころか、企業は急激な円高から身を守るために1986年も名目賃金の伸びを低めに押さえ込んだので[4]、逆に個人消費は迫力を欠いてしまったのである。こうして日本の輸出企業は、輸出の悪化と内需の迫力不足によって販売不振、収益悪化に陥った。

図２－３　日本の生産能力と内需の推移

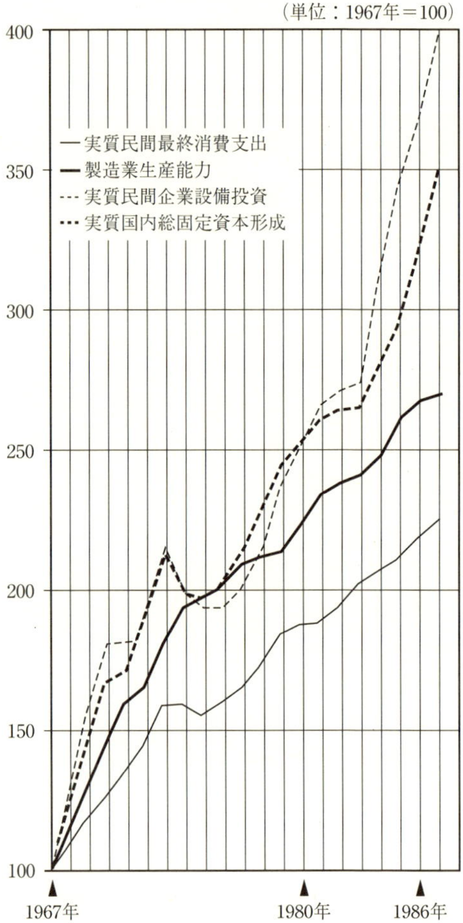

（注）政府最終消費支出は除く。
（出所）日本銀行調査統計局『日本を中心とする国際比較統計』各号より作成。

以上の点を、資料によって念のために確認しておこう。電気機械製造業を例にとれば次のようになる。

図２－４　日本の電機製造業の売上高と設備投資の推移

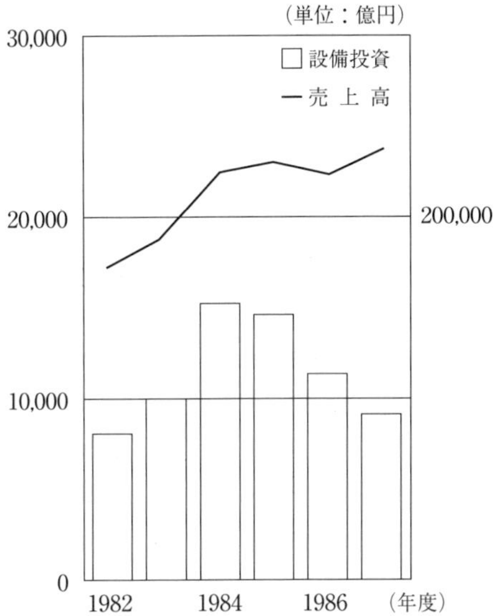

（注）右の目盛りは売上高であり、左の目盛りは設備投資。
設備投資は工事ベース。
（出所）日本銀行調査統計局『主要企業経営分析』、日本開発銀行「設備投資計画調査」より作成。

図２－４から、輸出を中心に高い売上高を達成していた電気機械製造業が、プラザ合意後、一転して売上高の減少に見舞われていることが分かる。売上高営業利益率も、1984年度の6.7%から1986年度にはその３分の１の2.2%にまで落ち込んだのである[5]。

電気機械などの輸出企業での販売不振は、それまでそれら輸出産業によって支えられてきた鉄鋼業などの「川上」の素材型産業にも波及し、日本経済全体として販売不振、収益の悪化をもたらした。**図２－５**で見ると、1986年には、輸出型製造業、非輸出型製造業、非製造業のすべてにおいて売上高がマイナスとなっている。また、売上高営業利益率についても、例えば製造業では、1986年度は3.13%という低い水準になっている。

(3)　景気反転の特殊性と金余り現象

～「円高不況」が比較的軽微で済み、「金余り」まで発生したのは何故か～

このように、プラザ合意による円高を契機として好況から不況へと景気が反転し、販売不振と利益の悪化に見舞われたわけであるが、ところが、1986年においてはこの景気の反転過程の中で、通常の景気の反転期では決して起こり得るはずのない現象が起こった。余剰資金の発生、いわゆる「金余り現象」であ

(4)　日本銀行調査統計局『日本を中心とする国際比較統計』第26号、1989年、参照。
(5)　日本銀行調査統計局『主要企業経営分析』1985年版および1986年版参照。

図２－５　日本の業種別売上高伸び率（内需・輸出別）の推移

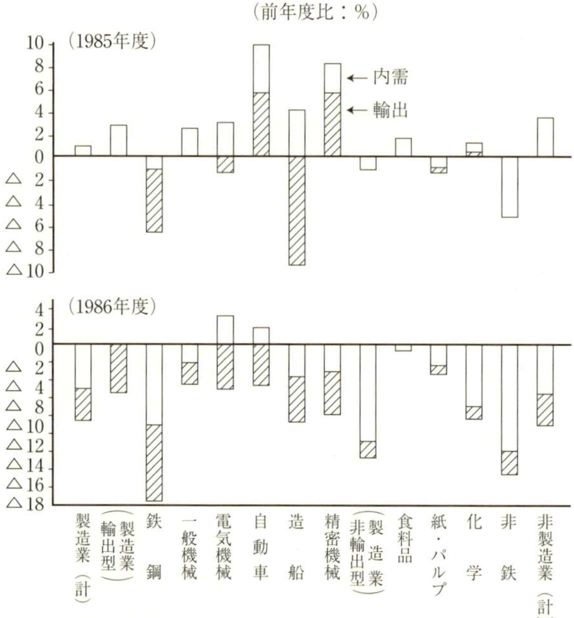

（注）年号は西暦に変更。
（出所）経済企画庁『昭和62年版経済白書』
参考資料31ページ。

る。

通常、景気が反転する時期においては、企業では余剰資金が形成されるどころか逆に資金不足に陥いらざるを得ない。利潤の低下という要因もあるが、何よりも設備投資や生産の縮小が迅速に行われず、景気反転への対応に遅れが出るからである。景気の反転期において設備投資や生産の縮小に遅れが出るのは、次のような理由による。

生産と消費は一定のバランスをもって行われるべきものであるが、産業循環の繁栄期においては、設備投資は個人消費とは独立的に「投資が投資を呼ぶ」という形で飛躍的に増大する。というのも、設備投資は、それが完成して実際に稼動するまでは商品を市場から一方的に吸収する需要要因であり、供給なき需要を形成することになるからである。設備の完成までには長期間を要するので、最終的な消費の大部分を占める個人消費を充足するのに必要とされる水準以上の設備投資が行われたとしても、その過剰生産能力が商品価格の下落という形で表面化することはない。一般に、価格メカニズムというものは、需要と供給のバランスを表現し、それらを調整するものとされているが、設備投資は、その初期の段階では商品を市場に供給するのではなく市場から商品を一方的に吸収する役割を果たすから、商品価格は、たとえその時点で過剰な設備投資が行われようとしていたとしても下落することはない。むしろ、逆に商品価格は急騰するのである。

しかも、これを増幅する要因が付け加わる。信用によって、仮消費、仮需要が支えられることで商品価格は上昇し続けるのである。商品価格が急騰している以上、たとえその時点で過剰な設備投資が行われようとしていても、人々の目には依然として再生産過程が健全に拡大し続けているように見えるから、なおも一層精力的に生産や設備投資が行われ続けることになる。過剰な設備投資による生産設備が次第に完成し、実際にそれらから商品が市場へ送り出されるようになって初めて過剰生産が顕在化することになる。

かくして、景気が反転する時期においては資本家の対応に遅れが出ることになる。生産を増やし、精力的に設備投資を進めている最中に販売不振が発生するから、在庫は大きく積み上がるし、また設備投資も非常に高い水準にとどまることになる。つまり、既に不況に陥っているのに生産設備が依然として建設中という事態が発生する。景気反転の中で、過去の繁栄期に拡大していた商業信用を決済するための支払い手段としての貨幣の必要性が高まる一方で、企業の資金は過剰在庫や過剰設備によって回収不能に陥る。このようにして、企業は景気の反転期には、資金余剰どころか逆に資金不足に陥るのである。

このように景気が反転する時期においては、通常、余剰資金は形成されないのである。しかし、1986年においてはその事情が異なる。つまり、資金不足ではなく逆に余剰資金が企業に発生したのである。それは、景気反転の仕方が特殊であったからにほかならない。1986年は、景気の悪化が上述したような産業循環の自律的な反転の結果として起こったのではなく、プラザ合意に基づく円高という明瞭な外的指標によって生じた。プラザ合意を契機に激しい円高の到来が明瞭とされたので、輸出主導型の日本経済に販売悪化の大波が訪れるであろうことは誰の目にも明らかであった。そのため、通常の景気反転局面ではあり得ない資本家の迅速な対応が可能となった。プラザ合意の発表と共に、即座に大胆な設備投資と生産の縮小が進められたのである。例えば電気機械製造業においても、**図２－４**から、プラザ合意締結の1985年から設備投資は即座に減らされていることが分かる。

もちろん、この傾向は、電機機械製造業に限ったものではない。**図２－６**と**表２－２**は、この点を明らかにするために、鉱工業生産指数、在庫率指数、設

図２－６　日本における鉱工業生産指数と在庫率指数の推移

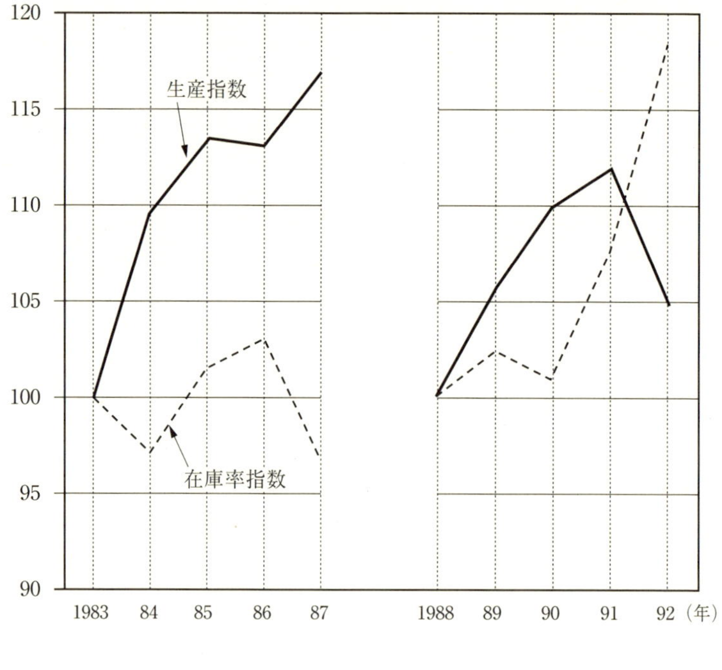

（注）在庫率指数は、鉱工業生産者製品在庫率指数である。生産指数、在庫率指数はともに、それぞれ1983年と1988年の二つの時期を基準（100）として、計算し直した。

（出所）通商産業省『通産統計』および日本銀行調査統計局『経済統計年報』（1993年版）より作成。

表2―2　日本における製造業設備投資の伸び率と構成比

（単位：%）

		1984	1985	1986	1987	1988	1989	1990	1991	1992
設備投資伸び率（前年度比）		13.4	13.2	▲11.9	▲2.2	28.0	22.1	19.6	3.0	▲17.2
構成比率	増産・拡販	32.6	30.6	25.7	27.6	33.9	37.1	36.5	35.0	31.5
	合理化・省力化	23.9	22.3	23.2	22.6	20.5	19.4	19.7	19.7	18.8
	研究開発	19.7	21.8	25.7	25.6	23.6	21.6	21.7	21.6	21.6
	その他	23.8	25.3	25.4	24.2	22.0	21.9	22.1	23.7	28.1

（注）　▲印はマイナスを表す。
（出所）　日本銀行調査統計局『主要企業短期経済観測時系列集―昭和48年2月から平成6年5月調査―』より作成。

備投資の全体的な動向を1986年と1991年とで比較したものである。同じ景気の反転期でありながら、両者には決定的な違いがあるのが分かる。すなわち、景気反転の仕方が特殊であった1986年の場合は、景気が反転した年に生産と設備投資が迅速に減らされて在庫の積み上がり方が緩やかであるのに対して、景気反転の仕方が自然な形で自律的に反転した1991年の場合は、景気が反転しているにもかかわらずそれに対する対応が遅れ、生産や設備投資が伸ばされ続けており、その結果、在庫率指数が急激な上昇を示している。1986年の、景気反転の特殊性が見てとれるであろう。

それゆえ1986年においては、「円高」がそれまでの日本経済の主軸たる輸出を直撃したにもかかわらず「円高不況」は比較的軽微なもので済んだのであり、その上「金余り」まで発生したのである。確かに「円高不況」は、輸出という販路を失ったという点では深刻なものではあったが、企業の資金的な余裕という点においては実はまったくその逆であるように思われる。事実、企業の倒産も深刻なものにはなっていなかった。

図2－7を参照していただきたい。これは企業の倒産を金額ベースで見たものである。1985年や1986年の倒産状況をプラザ合意以前の1984年と比較してみよう。1985年、1986年、1987年において目立った倒産の増加がないことが分かる。同様に、1991年や1992年と比較してみても、不動産関連の問題があるとは

図２－７　日本の企業倒産の状況

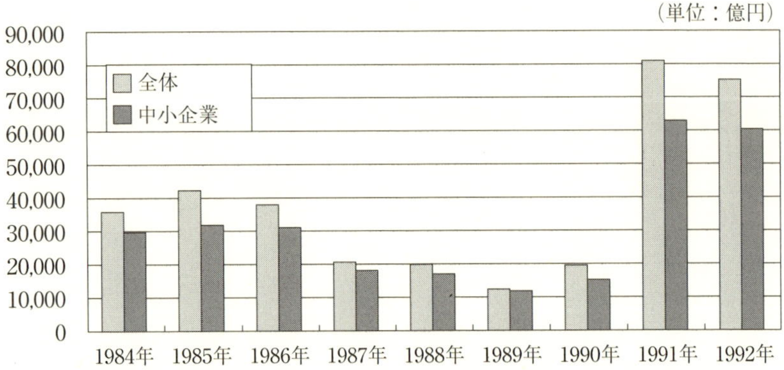

(注) 負債金額ベース。
(出所) 中小企業庁編『中小企業白書』大蔵省印刷局、各年版より作成。

いえ、1986年の水準は1991年や1992年の水準のわずか半分にすぎないのである。

このように、プラザ合意による「円高」の打撃は、規模の小さい零細企業へそのしわ寄せがいくことはあっても[6]、大企業や中堅企業では、輸出という販路を失ったにしては円高の打撃は比較的小さかったのである。

第３章、第４章で再び触れることになるが、「円高不況」後に日本経済が早期に立ち直っていくのは、企業の多品種少量生産を中心とした「内需の掘り起こし」を目的とした設備投資が活発化したからだけではない。低コストでの資金調達に基づく企業のこうした「内需掘り起こし」の設備投資にばかり景気回復の原因を求める論調が多いように見受けられるが、それだけではなく、「円高不況」が大きなつめ跡を残さなかったことが企業のその後の内需の掘り起こしを目的とした設備投資の余地を与えたという事実にも着目すべきである。

さてこのように、1986年においてはおおよそ企業では利益が減少したが、それ以上に迅速に設備投資や生産の縮小が行われたので、企業の手元には設備投資に回るはずであった多くの減価償却の積立金や運転資金などが温存された。「金余り」、「余剰資金」と言われるものがこれである。ただし、「円高不況」のつめ跡が大きくなく、余剰資金すら発生させたといっても、「円高」がそれまでの「輸出」という日本の生産活動の主翼を奪い、そうした販売市場を閉ざしたという事実に変わりはない。したがって、こうした資金は生産的な投下部面を見いだすことができず、過剰な貸し付け可能な貨幣資本として投機的な運動を繰り広げることとなったのである。

(4)　景気反転の特殊性の看過と「万年株高論(まんねんかぶだかろん)」

1986年の日本の株式価格の上昇の原因として、円高を契機とした景気反転による余剰資金の発生を唱える論者は少なくないが、しかし何故1986年の景気反転の時において、他の景気反転の局面とは異なって余剰資金が形成されたのかという、1986年に固有の特殊性が必ずしも明確に意識されてこなかったように思われる。1986年は景気の停滞期ではなく反転期にあたっており、本来、過剰な貨幣資本は発生し得ないはずであった。景気循環の停滞期ならともかく、景気の反転期では「金余り」は起こり得ない。

かかる論者にあっては、1986年における景気反転の様式が特殊であったことが明示されていないから、景気の反転期に過剰な貨幣資本が発生するということが、本人の意図に関わりなく一般的な経済現象として普遍化されることになる。それゆえ、こうした論者に対しては、他の立場、他の原因説をとる論者から次のような批判、すなわち「カネ余りによって不景気の時に株高がおこるなら、好景気のときも株式価格が上昇する傾向が一般にみられるのであるから、これでは万年株高論になる」(7)という批判が浴びせられることとなった。

こうした批判は、かかる論者に対する限りにおいては正当なものと言えよう。景気が反転すれば必ず過剰な貨幣資本が発生する、というわけではないのである。1986年の株式価格の暴騰の原因が過剰な貨幣資本の発生によるものである以上、何故過剰な貨幣資本が景気の反転の中で発生したのかを解明することは決定的に重要なのであって、この点を明確にしないのであれば不充分さが残るように思われる。

---

(6)　企業の倒産を金額ベースではなく件数ベースで見てみると、零細企業にいかにしわ寄せされたかが分かる。1986年の中小企業の倒産件数は、金額ベースで見た構図とはまったく異なり、逆に1986年の水準が1992年の水準の2倍に達している。零細企業へしわ寄せがいったことは明らかであろう。

(7)　奥村宏『日本の株式会社』東洋経済新報社、1986年、137ページ。

(5) 内部資金比率

ではここで、設備投資の削減と生産の縮小による余剰資金の形成ということに関して、その具体的な数値を見てみよう。

まず、製造業の内部資金比率についてである[8]。内部資金比率が100%を超えていれば、それは粗固定資本投資をしてなお余りある内部資金（＝内部留保＋減価償却）が企業に発生していることを意味するわけだが、1986年の製造業の内部資金比率は前年の87%からまさに105%にまで達している。これは、1986年において設備投資が前年の５兆5,460億円から５兆450億円へと迅速かつ大胆に削減されたことによるものにほかならない[9]。同比率は1987年になってくると、設備投資の連続的な減少によって（５兆200億円へと低下）一層上昇して120%にまで伸びている。確かに、1987年後半あたりから新設住宅着工の22.7%という高い伸びなどに支えられ、高額の消費財を中心に民間最終消費が実質4.2%伸びて売上高の回復が見られるが、しかし、そうしたことは製造業の設備投資の増加には結び付かず、むしろ稼働率の改善や内部留保の増加に結び付き、内部資金比率を押し上げる結果となったのである。

次に、在庫投資の削減状況についても見てみよう。製造業の在庫投資は1986年にマイナス２兆2170億円、1987年にはさらにマイナス3280億円と大幅に減らされている[10]。円高に対応して即座に大規模な生産の縮小が行われたので、在庫の積み上がりを抑え、大きく削減することに成功したのである[11]。1986～1987年の製造業の資金余剰というと設備投資の減退ばかりが注目されがちだが、在庫投資の減少という事態のもつ意義も大きいのである。

企業や銀行、生命保険会社などの株式への投資が増加した基底には、こうした余剰資金の形成があった。株式価格の上昇において決定的に大きな役割を演じたのは、まさにこの余剰資金の形成である。再生産過程が資本過剰となり、新たなる資本を受容できなければ、再生産過程から遊離された貸し付け可能な貨幣資本は行き場を失い、投機的な動きを展開せざるを得ないという理由からである。

製造業企業は売上高営業利益率が悪化していたので、その悪化分を補うためにこうした巨大な余剰資金を金融資産へ投資して収益を稼がざるを得なくなったし、またこの製造業での巨大な余剰資金の形成は金融機関の資産運用にも影響を与えることとなった。金融機関の主要な貸出先である製造業が資金不足部門から資金余剰部門へ大きく転じたことで、金融機関の製造業向け貸出残高は絶対額において減少した(12)。しかもこの時、円高差益などによって非製造業が、また財政再建などによって公共部門がそれぞれ資金需要を減らしていた。資金循環に見る法人企業部門、個人部門、公共部門をあわせた資金余剰は対名目GNP比で1984年の2.3%から1986年に4.7%になり、1987年には（非製造業の活発な設備投資などで資金余剰がやや縮小するが）4.3%であった(13)。1965～1974年の平均、1975～1984年の平均が共に資金不足の状態であったことを見れば、いかに日本経済全体として資金余剰の状態が進んだかが分かる(14)。こうして、余剰資金の増加によって資金はどんどん流入してくるのに生産的貸し出しは伸ばしにくかったので、金融機関もまた生産的貸し出し以外の運用を増やさざるを得なくなったのである。

(6)　過剰な貨幣資本の投機対象を規定したものは何か

過剰な貸し付け可能な貨幣資本は、一般に、それが生産的な投資先を見いだせない以上、生産的な部面以外で投機的な運動を展開せざるを得えないが、どこでその投機的活動の場所を見いだすかはまったくその時々の外的な条件に依存している。過剰な貨幣資本にとって、投機の展開場所がどのような場であるかはまったくどうでもよいことであるからだ。流通に寄生し、流通における価格変動の差額をすくい、それによって価値増殖ができればよいわけであるから、過剰な貨幣資本はその時々の大きな価格差を見込める所に投機の対象を見いだ

(8)　日本銀行調査統計局『主要企業経営分析』1986年、参照。
(9)　日本銀行調査統計局『日本を中心とする国際比較統計』第26号、1989年、参照。
(10)　同上。
(11)　日本銀行「昭和62年の資金循環」〈調査月報〉1988年6月号、1988年、参照。
(12)　日本銀行調査統計局『日本を中心とする国際比較統計』第26号、1989年、参照。もっとも、この減少には企業のエクイティーファイナンスの増加も関係している。
(13)　日本銀行調査統計局『日本を中心とする国際比較統計』に基づき算出。
(14)　日本銀行「昭和62年の資金循環」〈調査月報〉1988年6月号、1988年、参照。

すことになるのである。

周知のように、1986年において、投機の対象として選ばれたのは株式などであった。株式が投機の対象として選ばれた理由は、大きく言って二つある。

一つは、右肩上がりでその価格が過去推移してきたからである。一般の商品は、円高の進展などから価格が比較的安定していて価格差をすくう投機の対象とはなりにくかったが、株式はそうではなかった。株式は、それまで企業や金融機関がその株価操作によって、一般の投資家の資金を少しずつ株式投資に向かわせていたことから右肩上がりで推移していたのである。

ただし、この要因は、株式を投機の対象とさせた有力な一条件ではあったが、決定的な要因ではなかった。1960年代、1970年代を通して安定株主工作が一貫して行われてきたにもかかわらず、その時期において、1986年に見られたような株式価格の暴騰という現象がほとんど生じていないことからも分かる通り、株価操作自体、投機の大きな波を起こすほどの力をもっていないからである。株式の相互持ち合いなどの株価操作自体に本来限界がある。いくら、株式の相互持ち合いや政策投資が取引関係の維持、ないし獲得などを目的として行われ、株式投資それ自体の収益性（配当）を問題としないとはいってもまったくそれを無視して投資することはできない。株式をその法則的な水準以上の価格で買い上げるということは、その分だけ資金を長期にわたって非効率的に運用することを意味する。このことを、企業も、金融機関も、生命保険会社も無視することはできない。価値増殖を精力的に図らなければ、どこにおいても競争によって没落の運命を担わなければならないからである。

企業は、利潤率の極大化を、銀行は利鞘（貸出金利などの資金運用利回りと預金金利などの資金調達コストとの差額、すなわち銀行にとっての利潤）の拡大を図らなければならないし、生命保険会社は銀行の預金金利を上回る運用実績を上げなければならないのである。とりわけ、金融機関にとっては、これは逆ザヤでの運用を意味する。したがって、これらの投資主体が利子率よりもはるかに低い利回りの株式を安定株主ということで長期保有目的で購入することは、商取引や預金獲得や保険の獲得でそのマイナス面を補える場合に基本的には限られるのであって、無限に行えるというものではない。それゆえ、株価操作自体に株式価格の吊り上げの限界があるので、その分、一般の人たちの資金を巻き込むことにも限界があるのである。

むしろ、株式が投機の対象として選ばれるうえで決定的な役割を演じたのは、残るもう一つの要因、すなわち以下において述べる利子率の低下という要因である。利子率の低下は、一般の人たちも含め、等しく、多くの部門にその主要な資産収入である利子収入を減少させるからである。これにより、1960年代以降の株価操作の地盤の上にこの利子率の低下という要因が大きく開花することになる。

(7)　利子率の低下

利子率の低下は過剰な貨幣資本を株式市場へ流入させる決定的な要因であったが、この点については、次の二つの問題が明らかにされなければならない。すなわち、何故この時期に金利の低下が生じたのか、またどのような点で金利の低下は株式価格の上昇につながっていったのか、という問題である。まず、前者の問題から論じていこう。

何故、この時期に金利の大幅な低下が生じたのかというと、それは円高による景気の反転ということに原因がある。まず第一に、先に述べた円高による景気反転による過剰な貸し付け可能な貨幣資本の形成によって利子率は低下させられた。利子とは、資本所有という根拠に基づいて貸し付け資本家が受け取る剰余価値の一分割部分であるから、自然的利子率というのは存在せず、その率はその時々の貸し付け可能な貨幣資本に対する需要と供給によって決定される。1986年においては、利潤のうち蓄積に予定されている部分や減価償却費、生産の縮小によって生産過程から遊離された原材料費、および所得の未消費部分などが貸し付け可能な貨幣資本として供給されたが、それに対する需要は設備投資などが大きく減退しているために非常に小さかったから、貸し付け可能な貨幣資本の供給がそれに対する需要を上回り、金利が低下したのである。

第二に、円高による景気反転は、日本銀行に景気対策として公定歩合の引き下げを強いることによって金利の低下を助長した[15]。日本銀行は、外国為替市場での巨額の円売り・ドル買い介入のほかに[16]、公定歩合を5回にわたって大きく引き下げた。それは何故であったかというと、日本の利害に即して言えば、これまで円高で輸出企業が打撃を受けた分を金利の引き下げによる内需拡大で補いたかったからであり、金利の引き下げを通して、内需拡大による輸入増や対外証券投資増加を促進することで輸出産業にとって不利な、これ以上の円高を防ぎたかったからであった。

しかし、金利の引き下げは、この時期にはまだ期待された効果を発揮しなかった。内需拡大に関して言えば、企業は巨大な生産設備を抱えている中で販売不振に陥っていたので、金利が引き下げられたからといって設備投資を増やすことはできなかったし、また個人消費に関しても不況の最中に借り入れをしてまで消費を増やすという人はいなかった。また、円高に関しても同様である。ドル建ての対米輸出額はなかなか衰えないのに対米輸入は国内の景気低迷などでさほど増えなかったから、公定歩合の引き下げによって円の先高観を押さえ込むことなどは到底できなかったのである。

次に、どのような点で金利の低下は株式価格の上昇につながっていったのかという問題に移ろう。金利の低下は、次の三つの点において株式価格の上昇につながっていった。

一つは、金利の低下は利子収入を低下させ、預金や債券などから株へ資金のシフトを促したという点である。1986年の１月から４月までのわずか４ヵ月間に公定歩合は実に３回引き下げられ、５％から史上最低水準に並ぶ3.5％にまでになったが、この長期的な金利下降局面の始まりによって貨幣資本家はできるだけ固定金利の長期債券を購入しようとした。しかも、この時期に急激な円高・ドル安が進んだ上に日米の長期金利差が縮まり、対米証券投資の一応の目安とされていた３％を割り込むまでになって(17)対米証券投資がしにくい状況であったので国内債券は買い進まれ、国債などの流通利回り、表面利率は急速に下がった。すなわち、1986年の１月から４月まで国債利回りは5.81％から4.66％へと低下したのである（**図２－８**参照）。

国債の利回りの史上最低水準が4.46％であるから、この4.66％という水準がいかに低い水準であるかが分かるであろう。だが、この1986年の金利水準はまだ良い方であった。1987年になってくると、その金利水準はさらに低さを極め

図２－８　1986～1987年における日米独の国債利回り

（単位：％）

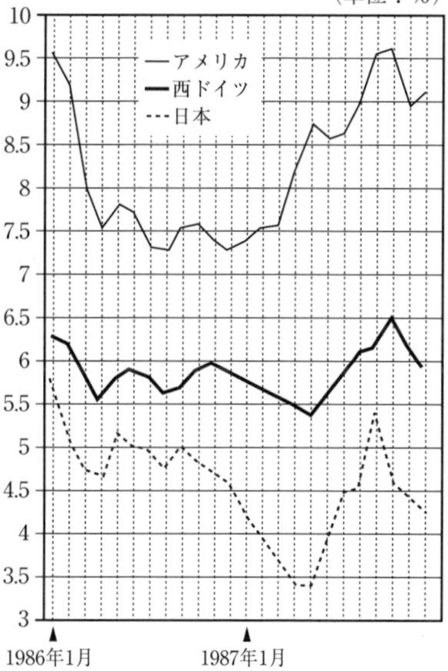

（注）各国の国債利回りの対象銘柄等については、日本銀行『経済統計月報』参照。
（出所）日本銀行調査統計局『日本を中心とする国際比較統計』より作成。

る。公定歩合は、1986年10月に続いて1987年２月にも下げられ、戦後最低の2.5％にされた。加えて、この時にアメリカの貿易赤字が一転して拡大してドルが急落したことで、為替差損を恐れた日本の投資家が対外債券投資を控えて国内債券に投資したから、長期金利は1987年の初めから下げ足を速め、５月には実に約3.35％にまで達した。

しかし、こうして金利低下が全般化してくると、鉄鋼業などのいわゆる「借金漬け」産業では金利負担が軽減され、企業収益がある程度底上げされる面はあるものの、これまでの輸出によって稼いだ巨額の貨幣を元に借入金の額を小さくして「財テク」を活発化させることで本業の不振を補ってきた部門では利子収入が減少することになる。そこで、企業や金融機関の関心は株式への投資に向かうこととなったのである。再生産過程が資本過剰で新しい資本の受容が不可能である以上、貸し付け可能な貨幣資本は投機的な動きを活発化せざるを得ない。

二つめは、公定歩合が相次いで引き下げられたにもかかわらず日本の内需が

⒂　下平尾勲『信用制度の経済学』新評論、1999年、349ページ参照。なお、日本銀行の金融政策に着目しながら、昭和恐慌との比較の中で1980年代後半の「バブル」について論じたものとしては、鈴木正俊『昭和恐慌史に学ぶ』講談社、1999年、などがある。
⒃　この為替介入は円高を抑えるために行われたものであったが、これにより市場に巨額の円資金が供給され、市場での金利低下と金融資産への投資が助長された。
⒄　日本経済新聞（1986年４月18日）。

拡大しなかったので、1986年5月の東京サミット、1987年2月のルーブル合意を契機に財政の出動が本格的に検討され出したことである。貿易赤字で深刻な打撃を受けている関係上一層の為替調整を武器に日本に内需拡大を迫るアメリカに対し、日本はその要求をのんで公定歩合の引き下げなどによる方法で内需拡大を目指してきた。しかし、1986年5月の時点になっても、アメリカの対日貿易赤字も日本の内需拡大も依然として改善されなかった。東京サミットは、こうした背景の中で開かれたのである。このサミットを通じて鮮明になったことは、円高・ドル安の国際的容認ということであった。アメリカやEC（欧州共同体）諸国は共に、為替レートの調整がない限り自国の対日赤字は減らないという認識に至っていたからである。

かくして、日本は為替相場の安定に向けた各国中央銀行の協調介入の約束をとりつけることに失敗し、孤立した。だが、このことが逆に国内株式が買い進まれるきっかけとなった。公共事業の拡大など本格的な内需拡大策がとられていくだろうとの見通しから、建設・不動産といった内需関連株を中心に5月以降法人の株式購入が増えていったのである[18]。また同様に、1987年2月になってくると、ルーブル合意で内需拡大のための公共事業の大幅繰り上げ執行が表明されたことも加わり、株式は一層買い進まれた。

三つめは、宮崎義一氏がその著書『複合不況』で指摘しておられるように、公定歩合、長期金利が超低金利であること、またそれによって株価が高騰していることで、企業は転換社債、ワラント債や株式の時価発行増資などで資本市場から資金を低コストで調達することが可能になり、そうした資金が新たな株式購入の資金となったことである[19]。

企業は、設備投資の減退などで余った資金を「財テク」に回していただけではない。むしろ、転換社債やワラント債などで資金を積極的に外部から調達して、こういった資金を元に「財テク」に励んでいた。企業の資金不足が縮小する中で資金調達が二桁の伸びを示している一方で（1985年の29兆7000億円から1986年の33兆4000億円へ）、信託などを通じた資金運用が増えているという事実がこのことを物語っている[20]。

さて、このようにして企業や金融機関の資金が株式市場に流れていったわけだが、この流れを媒介したのは「指定金外信（ファンドトラスト）」や「特定金銭信託（特金）」などであった(21)。

日本の株式の配当利回りは大変低いからキャピタルゲイン目当てにならざるをえないが、特金やファンドトラストは、①有価証券の簿価分離が可能であり、既保有有価証券の含み益が温存できるという点、②売買益をインカムゲイン化することが可能なため、生命保険会社および損害保険会社では保険契約者に対する配当に回すことができるという点などにおいて、直接株を売買するよりも有利だったのである(22)。主に特金は地方銀行、生命保険会社および損害保険会社、信用金庫に、ファンドトラストは事業法人に利用され、特金とファンドトラスト両者の合計残高は1984年３月の２兆5025億円から急速に増え、1986年３月に10兆8377億円に、そして1987年３月には23兆623億円にも達したといわれている(23)。

日本の株価は、以上のような諸要因によって1987年６月まで急上昇した。1960年代以降、株価操作の中でその法則的水準から離れて上昇させられていた日本の株価は、こうして投機という要因が上乗せされることによって急膨張を遂げていったのである。

---

(18)　東京証券取引所『東証統計月報』1986年９月、参照。

(19)　宮崎義一『複合不況』中公新書、1992年、137～139ページ参照。

(20)　日本銀行「昭和62年の資金循環」〈調査月報〉1988年６月号、参照。企業が時価発行増資や転換社債の発行をすれば、銀行や生保も信用関係の維持強化、企業年金の取得といった政策的な理由からそれらを購入せざるを得なかった面もある。

(21)　全国証券取引所協議会「61年の株式市場」東京証券取引所〈証券〉第39巻454号、1987年、参照のこと。

(22)　小島信一「特定金銭信託の現状等について」東京証券取引所〈証券〉第39巻第465号、1987年、17ページ。全国証券取引所協議会「昭和61年度株式分布状況調査結果の概要」東京証券取引所〈証券〉第39巻第462号、1987年、16ページ。

(23)　小島信一、前掲論文、21ページ。

3．西ドイツの実体経済と株価

西ドイツの株価は、日本と違って1986年以降伸び悩みを見せた。その原因を見てみよう。居住者の株式購入が1986年に減少傾向に転じているので（**図２－9**参照）、まず居住者の投資動向から論じることにしよう。

西ドイツの株式市場は輸出関連株が中心だから、マルク高による企業収益の悪化の懸念が居住者の株式購入を鈍らせたことは間違いない。だが、日本との比較で言えば、第一に西ドイツでは、日本よりも対米輸出依存度が低かったために景気の落ち込みはあまりなく国内の余剰資金の形成が巨額にならなかったこと、それゆえにまた、第二の要因として、金利低下圧力も国内的にも対外的にも著しいものではなかったことが挙げられる。

図２―９　1982年～1987年における西ドイツ株式市場の動向

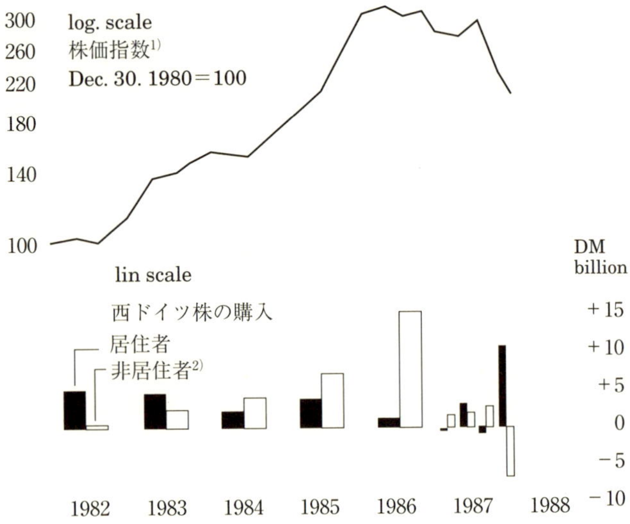

（注）１）四半期平均：資料　連邦統計局
　　　２）非居住者による国内株のネットの購入（＋）ネットの売り（－）；取引価格。
（出所）Deutsche Bundesbank, *Report of the Deutsche Bundesbank for the year 1987*. S. 53.

(1)　西ドイツの対米輸出依存度

まず、第一の要因から論じよう。第二次石油危機以降、西ドイツはEC諸国の投資財需要の伸び悩みをアメリカへの輸出拡大によってカバーしてきた(24)。だから、プラザ合意を契機としたドル安・マルク高という事態は西ドイツにとって容易ならざる問題には違いなかった。だが、西ドイツの全輸出に占めるアメリカの比重は日本のそれ（38％）よりも遥かに低い10％にすぎない(25)。

なぜ、第二次石油危機以降に西ドイツでは日本ほど対米輸出が伸びず、対米輸出依存度がさほど大きくならなかったかというと、西ドイツは石油危機、特に第一次石油危機の時にあまり打撃を受けず、競争力を高める外的強制を受けなかったからである(26)。1970年代前半、西ドイツでは日本と違ってエネルギー消費に占める石油のシェアが小さい上（石炭、ガスが比較的多く消費されている）、原油の卸売物価指数（1970年＝100）も1974年に382、1975年に367となっただけで、日本の466、546に比べれば価格の上昇率は遥かに低かった。そのため、1972～1974年の間の原油の輸入代金の増加額（マルク建て）は巨額なものにはならず、その対GNP（1974年）比は日本の半分以下の1.5％にとどまった。石油輸出国機構（OPEC）諸国向け輸出を増やせたことに加え、このように西ドイツでは石油価格上昇による国内有効需要の喪失が小さかったため、日本とは異なって市場で売れるような優れた商品の開発・生産の必要性には駆られなかった。その結果、ME（microlectoronics）化に立ち遅れるなど、主要産業での競争力の停滞を招いたのである(27)。だから、第二次石油危機以降、日本ほどにはレーガン大統領によって与えられた対米輸出拡大の機会を利用できなかったのである。

このように、西ドイツの全輸出に占める対米輸出の比重が（上がったとはいえ）まだ比較的低かったため、西ドイツの全輸出額はプラザ合意以降落ち込ま

---

(24)　ECとアメリカ経済の歴史的な関係については、内田勝敏『ヨーロッパ経済とイギリス』東洋経済新報社、1969年、などを参照されたい。

(25)　日本銀行調査統計局『日本を中心とする国際比較統計』第26号、1989年、参照。

(26)　田中素香『EC統合の新展開と欧州再編成』東洋経済新報社、1991年、8～13ページ参照。

ないで済んだ。というのも、対米輸出が少なければ、その分だけドル安の影響を直接受ける貿易の比重が小さくなるからである。EC向けの輸出の場合、EMS（欧州通貨制度。92ページで詳述）制度下でEMS加盟各国の為替レートがある程度固定されていて[28]（西ドイツの輸出のほとんどはマルク建て）、ドル安の直接的影響は受けにくいわけだが、西ドイツではこうしたEC諸国向け輸出が依然として中心であった。かくして、ドル安によって西ドイツの全輸出額が大きく落ち込むということはなかったのである。

もちろん、いくらEMS制度下でのEC諸国向け輸出といえども、ドル安の影響をまったく受けないというわけではない。例えば、ドル安が投機的なマルク買いを招き、それがEMS内でマルク高やマルクの平価切り上げをもたらし、西ドイツの輸出を多少不利にしたし、あるいはまた、対米輸出の伸び悩みによるEC諸国での若干の景気の悪化が、めぐりめぐって西ドイツのEC諸国向け輸出を減少させた[29]。しかし、こうした点を考慮しても、西ドイツの輸出へのドル安の影響が小さかったことに変わりはない。実際、西ドイツのマルク建ての輸出額（f.o.b.：Free on board、輸出港本船渡し価格）は1986年に２％減少しただけで、1987年はほぼ前年並みとなっている[30]。1986年に16％も減少した日本とは雲泥の差があるのである。

対米輸出のシェアが比較的低く、輸出総額が決定的に落ち込まなかったことは西ドイツ経済にとってたいへん大きかった。何故なら、もし輸出総額が落ち込んでいれば企業収益は悪化し、その結果、設備投資、そしてさらに賃金減少を介しての個人消費の落ち込みが生じ、内需の冷え込みが全般化することになったであろうからである。西ドイツではそうしたことは起こらず、むしろ賃金上昇などを背景に内需に盛り上りが見られた[31]。日本ほどドル安による経営環境の悪化に脅える必要はあまりない上、自動車、機械、化学といった中心産業では好調な輸出によって前年の1985年に史上最高の決算をあげる企業が続出していたから、南西部地区では春闘相場のリード役となる金属労組IGメタル[32]と経営者側との交渉で、4.4％の賃上げが1986年に決定された。[33]石油価格の低下などによって物価が安定する中、全体としては前年の2.3％を上回る実質４％の賃上げが行われたわけだが[34]、この1986年の賃金上昇は1985年の所得税減税と共に、実質可処分所得の伸びを1985年の1.4％から4.4％へ押し上げ(35)、さらに民間最終消費支出を実質で1985年の1.4％から3.4％へと大きく飛躍させたのである(36)。

さらに、民間企業設備投資も、この民間最終消費支出の伸びなどを背景に1986年は増加した。日本とは異なり、第二次石油危機以降、西ドイツの製造業は競争力上の問題やEC諸国の投資財需要の伸び悩みもあって、設備投資を抑制し、生産能力の増強を実質民間最終消費支出の伸び以下にしてきたから（**図２－10**参照)、稼働率のアップだけでは内需を中心とした需要の増加（特に年前半)

---

(27) 西ドイツの国際競争力について論じたものとしては、IFO-Institut für Wirtschafts forschung, *Analyse der strukturellen Entwicklung der deutschen Wirtschaft, Strukturberichterstattung 1980*, S.19.や HWWA, *Analyse der strukturellen Entwicklung der deutschen Wirtschaft-Strukturbericht 1987.* そして H.Klodt, "Deutsche Investitionsgüter auf dem Weltmarkt. Ist die Wettbewerbsfähigkeit bedroht?" *Die Weltwirtschaft*, 1984.諫山正「第二次石油危機以降における西ドイツ産業の国際競争力低下の諸要因」世界経済研究協会〈世界経済評論〉第33巻第７号、1989年、佐々木昇『現代西ドイツ経済論』東洋経済新報社、1990年、戸原四郎他編『現代のドイツ経済』有斐閣、1992年、などがある。なお、西ドイツ企業の国際競争力低下の原因として自己資本比率の長期的低下傾向による投資の停滞が指摘されることが多いが、そうした見方に反対するものとしては、Heiner Flassbeck und Horst Tomann, "Unternehmensfinanzierung im Strukturwandel", *DIW Vierterjahrshefte zur Wirtshaftsforschung*, Heft1, Berlin, 1990.などがある。

(28) EMSについては、ジャック・ヴァン・イペルゼル、ジョーン・クロード・クース著、東京銀行ブラッセル支店訳『EMS』東京リサーチインターナショナル、1986年を参照。

(29) 経済企画庁『世界経済白書　昭和62年度版』大蔵省印刷局、119～124ページ、同『世界経済レポート　昭和62年度版』95～97ページ。

(30) Vgl.Deutsche Bundesbank, *Statistische Beihefte zu der Monatsberichten der Deutschen Bundesbank*, Reihe 3, Februar 1988.

(31) 1986年の実質国民総生産に対する内需の寄与度は、1980年代に入って以降、最高の3.5％であり、前年の1.5％を大きく上回った。

(32) 自動車、電機、鉄鋼、機械という西ドイツ基幹産業の労働者で構成され、組合員250万人を数える西ドイツ最大の単産。

(33) 西ドイツの連邦政府も貿易不均衡是正のための内需拡大策の一環として労働者の賃上げ要求を支持した。

(34) 日本銀行調査統計局『日本を中心とする国際比較統計』第26号、1989年、参照。

(35) Vgl.Deutsche Bundesbank, *Statistische Beihefte zu der Monatsberichten der Deutschen Bundesbank*, Reihe 4, Marz 1988.

(36) 日本銀行調査統計局、前掲書、参照。

に一部対応できなかった。そのため、1986年の製造業の設備投資（投資財部門や消費財部門が中心）が実質9.5％という高い伸び率で増やされたのである。非製造業の設備投資も前年を少し上回る実質2.6％の伸びを示し、全体として民間企業設備投資は実質4.4％の伸び率で増加した[37]。

1987年においても、やや衰えが見えたとはいえ、内需は底堅く推移した[38]。

以上のように、西ドイツでは対米輸出依存度が比較的低かったため、輸出や内需へのドル安の影響は小さかった。もちろん、ドル安・マルク高は輸入商品の価格競争力を高め、西ドイツの輸入を増やし、内需の増加を多少相殺する働きをしたので（実際、商品の輸入の実質的な伸びは内需の２倍以上の速さで伸びた[39]、西ドイツの企業にしても好調というわけにはいかなかったが、しかしそれでも西ドイツ企業の売上高は比較的堅調に推移した（**図２－11**参照）。基礎資材部門では売上高が大きく落ち込んだが、投資財部門や消費財部門では内需に支えられ、底堅い動きを示している。これら諸部門全体としてはほぼ横這い状態であり、日本の製造業のような売上高の大きな落ち込みは見られないのである。

図２－10　1967～1987年における西ドイツの生産能力と内需の推移

（単位：1967年＝100）

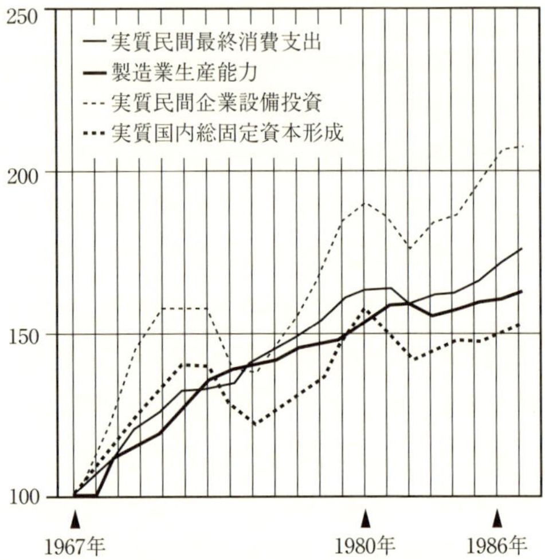

（注）政府最終消費支出は除く。
（出所）日本銀行調査統計局『日本を中心とする国際比較統計』各号より作成。

さて、このように西ドイツの企業を取り巻く環境が全体として日本よりは良かったので、西ドイツの企業に日本のような巨額な余剰資金は生じなかった。この点について、製造業の内部資金比率を見てみよう。それは、1985年の約77％から1986年に約85％、そして1987年には約92％へと伸びてはいるものの[40]、

図２－11　1983～1988年にかけての西ドイツにおける売上高の動向

（単位：1985年＝100）

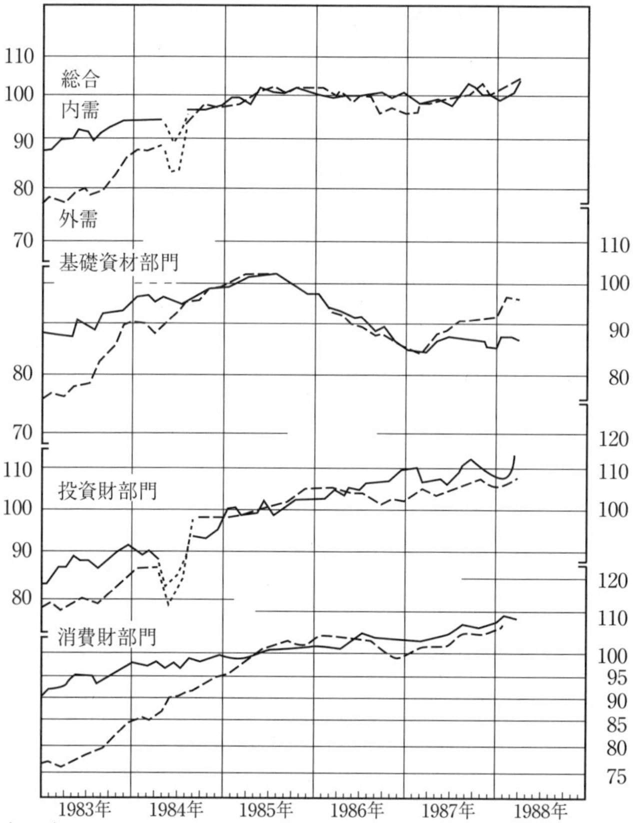

（出所）Deutsche Bundesbank, *Statistische Beihefte zu den Monatsberichten der Deutschen Bundesbank, Reihe 4*. Juni 1988. Nr. 6. S. 39.

---

(37) 同上。Vgl.Ifo schnelldienst 17/88, 1988. この増加には、後述する金利低下という要因も一役かった。日本と違って過剰な設備を抱えていなかったから、金利低下は設備投資を促進した。

(38) Deutsche Bundesbank, "The economic scene in the Federal Republic of Germany in autumn 1987", *Monthly Report of the Deutsche Bundesbank*, December 1987. pp.32～34.

(39) Vgl.a.a.O.S.7.消費財の輸入はアジアNIESなどからの伸びが著しい。Vgl.Deutsche Bundesbank, "Die deutschen Exporte unter dem Einfluβ der Wechselkurse", *Dresdner Bank Wirtschaftberichte*, 39. Jahrgang Nummer1., April 1987.

日本のそれ（1986年度105%、1987年度120%）に比べればまだ低い水準にとどまっている。粗固定資産投資をしてなお余りある内部資金を抱え、金融資産取得の余地が極めて高まった日本とは対照的に、西ドイツの製造業の場合、内部資金（内部留保＋減価償却）だけでは粗固定資産投資を賄いきれていないということがこれによって示されている。

西ドイツでは、景気の落ち込みが比較的少なかったことと石油価格の下落によるコスト軽減とを反映して内部留保が増えたものの[41]、粗固定資産投資が比較的堅実な推移を示したので内部資金比率の伸びが比較的少なかったのである。企業での収益が個人の金融資産の純増となって現れることもあろうが、金融機関を除く企業、家計、公的部門全体の資金余剰は、対名目 GNP 比で、1985年の3.2%から1986年3.4%、1987年3.1%となっており[42]、日本において株式投資増の基底的要因となった国内の余剰資金の飛躍的な伸びという現象は西ドイツには見られないのである。

(2) 西ドイツの金利動向

次に、第二の要因である金利について論じよう。国内の余剰資金が巨額になったというわけではなかったので、需給関係から生じる金利低下圧力は比較的小さかった。加えて、対米輸出依存度が低く、1986年中の国内景気の落ち込みが比較的少なかったために、金利の引き下げによる景気対策を図る必要もあまりなかったし[43]、また金利低下を促す外圧も日本ほどではなかった。確かに、ドル安によって EMS 内でマルク高が生じて利下げを余儀なくされたが、日本ほど対米貿易黒字も多くない上（日本400億ドル、西ドイツ99億ドル）、内需拡大で順調に輸入が増えたから利下げをめぐる外圧は比較的小さかったのである。かくして、プラザ合意から1987年９月までに、西ドイツが行った公定歩合の引き下げは３度だけである。しかもそれは4.5%から３%へと1.5%引き下げられただけであって、５度に渡って５%から2.5%へと引き下げられた日本とは、回数や水準において大きな差がある。同様に、長期金利に関しても、西ドイツの金利は日本ほど低下しなかった（**図２－８**参照）。

さて、このように国内の余剰資金も巨額にならず、長期金利が強力な低下傾向を示さなかったので、株の値上がり期待やあるいは債券収益の低下の結果としての株への資金のシフトも日本ほど大きなものとはならなかった。[44]前年まで株価上昇を支えていた自動車産業（1985年末、株価は前年同期比107%増[45]）や資本財部門（同79.4%）がマルク高による企業業績の悪化を懸念されたということもあったが、西ドイツ居住者の購入した西ドイツ株式の額は1986年、1987年（１～９月）ともわずか約20億マルクであり、西ドイツにおける株式の年購入額全体の10%程度を占めるにすぎなかった。

確かに、銀行（1986年に60億マルク）や投資会社（主にスペシャルファンド[46]）などが国内株式を購入してはいるが、しかし銀行に関していえば、連邦政府などの公的部門が債券高を利用して資金調達のルートを債券発行にシフトさせたこともあって、株式以上に債券購入を増やしている（国内債券購入額は1984年の231億マルク→1986年288億マルク、1987年420億マルク[47]）。同じように、国内非金融部門でも1986年は国内株式の購入を減らし（92億マルク）、銀行預金を増やしている[48]）。実際、国内非金融部門の金融資産取得額全体に占

---

(40) Vgl.Deutsche Bundesbank, “The result of the capital finance account for 1987”, *Monthly Report of the Deutsche Bundesbank*, May 1988.

(41) Vgl.Deutsche Bundesbank, “Enterprises’ Profitability and financing in 1987”, *Monthly Report of the Deutsche Bundesbank*, November 1988.

(42) 日本銀行調査統計局『日本を中心とする国際比較統計』第26号、1989年、から算出。

(43) もっとも、所得税減税による景気刺激策が1987年にとられていくことにはなる。

(44) 1986年において、エネルギーや建設などの内需関連株は伸びているものの、鉄鋼、機械などの株は下落した。Vgl.Statistisches Bundesamt, *Statistisches Jahrbuch für die Bundesrepublic Deutschland*, Stutgart, 1987.もっとも、増資や新規上場の増加ということがあったのだから、86年の西ドイツの株価動向は肯定的に評価されてよい、という見方もある（Vgl.Statistisches Bundesamt “Aktienmarkt im Jahr 1986”, *Wirtschaft und Statistik*, Stuttgart, 1, 1987.S.67.）。

(45) Vgl.Statistisches Bundesamt, *Statistisches Jahrbuch für die Bundesrepublic Deutschland*, 1986.

(46) スペシャルファンドとは、保険会社や年金基金などの機関投資家に限定して販売される投資信託のことである。スペシャルファンドについては、詳しくは、山本征二『ドイツの金融・証券市場』東洋経済新報社、1991年、106～107ページ、および相沢幸悦『西ドイツの金融市場と構造』1988年、153ページ参照。

(47) Vgl.Deutsche Bundesbank, *Report of the Deutsche Bundesbank for the year 1987*. p.50.

めるる銀行預金のシェアは1985年の43%から1986年には63%にも上っている。中でも、企業のユーロマルク預金の積み増しは顕著であった[49]（**図２－12**参照）。

図２－12　西ドイツの企業・個人のユーロマルク預金残高

（単位：Mrd DM）

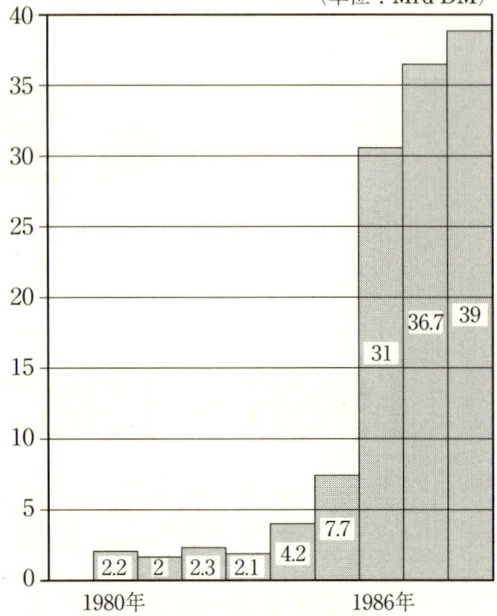

（出所）Deutsche Bundesbank, *Statistische Beihefte zu den Monatsberichten der Deutschen Bundesbank, Reihe 3*. Juni 1989. Nr. 6. S. 72. より作成。

ここで、何故企業のユーロマルク預金が増えたのかということについて少し触れておこう。幾つかの要因があるが、まず第一に、ユーロマルク預金が国内定期預金より金利上の優位差を増したことが挙げられる。金利差は、1986年３月から12月までの平均で0.39%ポイントにもなり、前年同期の0.09%ポイントに比べて４倍以上に増加したのであった（**図２－13**参照）。これは、主にユーロマルク預金に関する需給関係に変化が生じたことによるものである。すなわち1986年、非居住者が、前年までとは打って変わってユーロ銀行から資金を取り出す側に回ったことによるものである。非居住者のユーロマルク預金は、西ドイツへの投資や代金支払いの必要の増加[50]、そしてまた、EMS内でのマルク高を抑制するために必要な公的介入資金の取り崩しによって、前年の14%の増加から一転して3.6%の減少（グロス）となったにもかかわらず、非居住者のユーロ銀行からのマルク借り入れは逆に３%増加（グロス）した[51]。このように、非居住者に関して1986年はユーロマルク資金の逼迫が生じたので、その分だけユーロマルク預金の有利性が高まったのである。

第二に、国内短期金融債が支払い準備率の対象にされたことが挙げられる。1986年、ドイツの企業は金利がかなり低くかったので、短期物で、価格リスクのないものに投資しようとしていた。従来、そうした需要に応えるものは短期

図２－13　ユーロマルク預金と西ドイツ国内定期預金の金利動向

（単位：％）

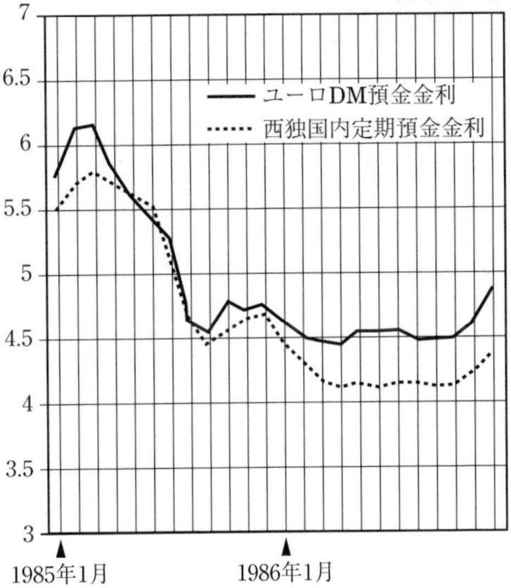

（出所）Organization for economic co-operation and Deveopment, various issues. より作成。

金融債であった。この金融債は支払い準備率の対象外であったことから、金利上も極めて有利であり、これまでこの債券にかなりの投資がなされてきたのである。ところが、1986年５月以降、短期金融債は、金利上の優位さの根拠であるところの支払い準備率の対象外という資格を失う。支払い準備率の対象にならない銀行資金の増加を[52]、西ドイツ連邦銀行が通貨政策上の観点から良しとしなかったからである。これによってユーロマルク預金は、金利上の優位さを失った短期金融債に代わって企業に好まれたのである[53]。

---

(48) Vgl.Deutsche Bundesbank, *Report of the Deutsche Bundesbank for the year 1988.* p.50.

(49) BIS 報告書の中で「報告地域内の非銀行部門預金の供給に関しては、西ドイツ企業が初めてユーロ・カレンシー市場に対する最大の新規資金の供給者となった」と評されるほどであった（東京銀行調査部訳『世界金融経済年報第57次国際決済銀行年次報告』十一房出版、1987年、138ページ参照）。

(50) この背景は以下の通りである。一つは西ドイツへの債券投資が、外国人の国内債券からの利子収入に課せられていたクーポンタックスの廃止〔1984年10月〕や急激なマルク高によって1985年の315億マルクから591億マルクに増えたからであり、また一つには貿易黒字が1985年の約85億マルクから約120億マルクへ増えたからである。

(51) Vgl.Deutsche Bundesbank, "Foreign Deutsche Mark assets and liabilities at end of 1986", *Monthly Report of the Deutsche Bundesbank*, May1987. p.42.

(52) Vgl.Deutsche Bundesbank, "The longer-term trend of inflows of funds to banks", *Monthly Report of the Deutsche Bundesbank*, October 1985. pp.29-31.

企業のユーロマルク預金が1986年に急増したのは以上のような要因に基づくものであったが、1987年になってくると外国債券が国内非銀行部門の投資対象として注目されてくる。その額は、第３四半期まででですでにこの前年の127億マルクから231億マルクへとほぼ２倍近い数字になっている。その中心はオーストラリア・ドル債であって、全体の約30％を占めている。一時的にその利回りが国内債の２倍以上になったこと（西ドイツのそれが約６％、オーストラリアのそれは約13％）がその原因だった(54)。

さて、これまで述べてきたように、国内の投資家は国内株式には向かわなかったわけだが、それでは1986〜1987年９月において西ドイツの株式の主な購入者は誰であったかというと、それは非居住者（イギリス、ベルギー、ルクセンブルグ、スイスがほとんど）であった。

図２－９から、西ドイツの居住者の西ドイツ株式の購入が停滞する中で、非居住者の購入額がかなり増えているのが分かるであろう。1986年で見れば、非居住者は全購入額の実に90％近くを占めている。非居住者の投資動向が、西ドイツ株式相場の動向を決定したといってよい。

ところで、この非居住者の投資動向を左右したのは為替相場であった。**図２－14**を見ていただければ分かるが、株価がマルクレートに連動する形で推移している(55)。西ドイツの株式市場は輸出関連の優良株が中心だから、輸出にかなりの影響を与える為替相場の動向は非居住者にとって大きな関心事だった。だからマルク高が急激に進み、為替差益よりも企業収益への悪影響が懸念され出す1986年５月以降、株式相場は伸び悩みを示し出したのである。

以上、ブラックマンデー前の日本と西ドイツの株価動向の違いについて見てきた。日本では対米輸出依存度が高く、円高によって国内企業が打撃を受け、その結果、景気反転の特殊な様式の中での設備投資の迅速な縮小を主因とする巨額の国内余剰資金と徹底した金利低下という株高要因が形成されていった。だから、外国人投資家がほぼ一貫して売りに回っても、国内投資家の力によって株価は急騰していったのである。だが、西ドイツの場合はそうではなかった。対米輸出依存度が低く、マルク高による国内企業への衝撃は少なかったために、国内余剰資金の形成も金利低下も日本ほどではなく、株高要因はもたらされな

図2－14　西ドイツの株価指数とマルクの対ドルレートの動向

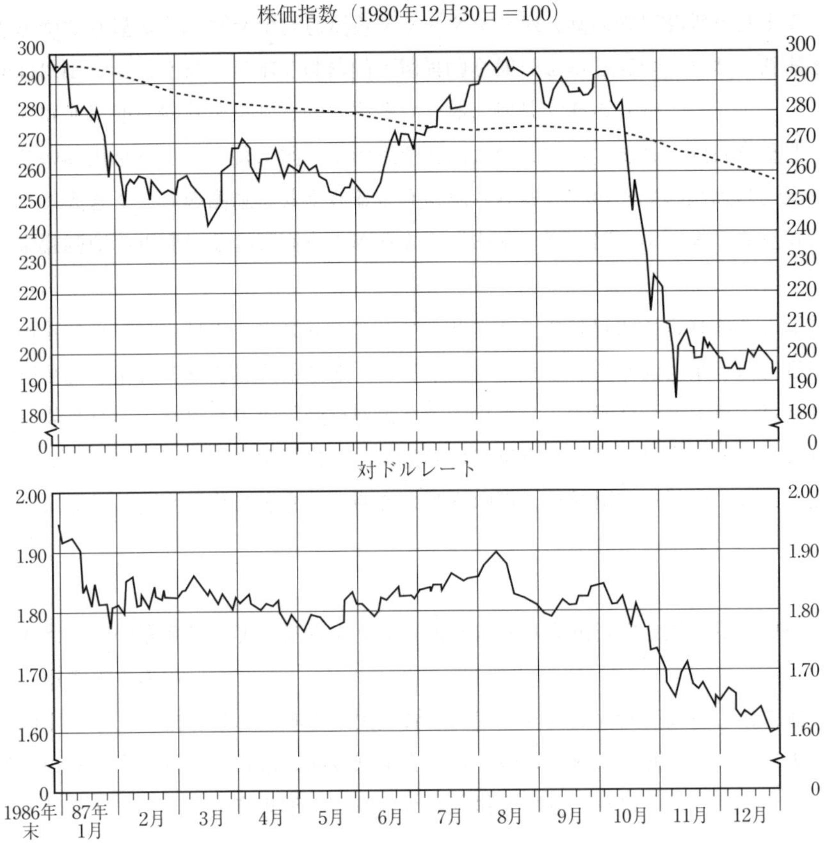

（出所）Statistisches Bundesamt, *Wirtschaft und Statistik*. 1, 1988. S. 43.

かった。このように、西ドイツでは国内投資家の株価を支える力が乏しかったので、外国人投資家が慎重な姿勢を見せただけで株価は伸び悩んだのである。

---

(53) Vgl.Deutsche Bundesbank, “Trends in the Euro-deposits of domestic non-banks”, *Monthly Report of the Deutsche Bundesbank*, January 1988.p.13.

(54) Vgl.Deutsche Bundesbank, “Recent trends in residents’ investment behaviour in the bond market”, *Monthly Report of the Deutsche Bundesbank*, July 1988. pp.15～16.

(55) Vgl.Statistisches Bundesamt, “Aktienmarkt im Jahr 1987”, *Wirtschaft und Statistik*, Stuttgart, 1, 1988.S.40.

第3節

ブラックマンデー時における両国の株式価格の動向 〜「金融独り歩き」論の検討〜

世界的同時株高といわれ、驚異的な伸びを続けてきた株価であったが、1987年10月19日、ニューヨーク株式市場での株価暴落を機に世界的に株価が崩落する。これが世に言う「ブラックマンデー」であるが[56]、この世界的な株価下落をめぐっては、金融が実体経済から独立し、世界経済のペースメーカーになったことを示す一つの典型的な事例として取り上げられることが多い。こうした株価の下落自体が、「経済のファンダメンタルズに変化がなくても、発生」していることがその証拠だというのである[57]。

確かに、貨幣資本は短期的には実体経済からは相対的に独自な運動を行いうる。だが、だからといって、貨幣資本が実体経済から完全に独立することはできないように思われる。短期的にはともかく、長期的には金融は実体経済から離れて独り歩きはできないように思われるのである。

このブラックマンデーという現象自体、逆に、こうした「金融の独り歩き」論を肯定ではなく否定しているように思われる。「金融の独り歩き」を肯定する論者が見逃しているのは、ブラックマンデー直後の株価動向がどうなったのかという点である。この節では、ブラックマンデー直後の日本と西ドイツの株価動向の分析を通じて、この点を明らかにしたいと思う。

ブラックマンデー後の両国の株価は、極めて特徴的な動きを示している。日本と西ドイツとではその下落の仕方に大きな違いがあるのである。極めて高水準にあった日本の株価は、実はあまり下がらなかった。下落率は1987年11月前半までわずか約20%であるにすぎない。ところが、逆に日本よりずっと低い水準にあった西ドイツの株価は大きく下げている。下落率は約40%と、日本の2倍に相当する。これは、一体何故であろうか。

もちろん、値幅制限や取引停止が日本では制度として厳しく適用されるのに、西ドイツでは長時間にわたる取引停止や値幅制限がなかったという制度的な要因もあるが[58]、しかし最も原因として大きかったのは、国内で形成された余剰資金の差であったように思われる。ブラックマンデーの時、両国の株式市場を取り巻いていたのは為替レート（円、マルク）の強い上昇傾向であった。

日本の場合、景気の特殊な反転様式によって国内に巨額の余剰資金が形成されていたので、著しい為替レートの上昇はこの余剰資金を国内の株式市場などに滞留させる働きをした。これまで日本は毎月100億ドル近い対外証券投資を行ってきたが、為替リスクの問題から、その額を8月66億ドル、9月35億ドル、10月49億ドルと減らさざるを得なくなった[59]。ただでさえ「資金運用難の時代」と言われるほど国内に過剰な貨幣資本が溢れ、金利低下が進み、有利な投下先が見いだせないでいるのに、その上、海外へのはけ口が塞がれたことで国内で運用すべき貨幣が増えたのだから、これまで株に投下していた資金を引き続き株である程度運用しておかざるを得なかったのである。日本の不況が1987年1月あたりに底を打ったことも、これを側面から支えた要因であった。かくして、株式市場で外国人投資家による売り（ネット）が10月にその前月の約4倍に相当する1兆9,886億円（東京証券取引所一部市場）に達しても[60]、日本の株価はあまり下がらなかったのである。

他方、西ドイツの場合、国内の余剰資金はあまり形成されず、株式市場を支

---

(56) ブラックマンデーの原因に関しては、詳しくは、拙稿「1986－87年の日本と西ドイツにおける金融動向の比較研究――株式市場を中心に――」東北大学〈経済学〉第55巻第2号、1993年、80～82ページ、を参照されたい。なお、ブラックマンデーの原因などに関する、ブレディ報告、GAO 報告書、SEC 報告書、CFTC 報告書、CME 報告書、CBT 報告書、カッツェンバック報告書の内容を整理したものとしては、油井浜宏一「ブラックマンデーの原因分析とアメリカ証券市場規制構造変革の方向」〈山一證券月報〉第478号、1988年、などがある。

(57) 宮崎義一『複合不況』中公新書、1992年、146ページおよび259ページ参照。

(58) 東京銀行調査部『国際金融レポート'88』日本評論社、118ページ。なお、西ドイツの金融構造、制度について論じたものとしては、Deutsche Bundesbank, *Die Deutsche Bundesbank; Geldpolitische Aufgaben und Instrumente*, Sonderdrucke der Deutschen Bundesbank, Nr.7, 5. Auflage.や相沢幸悦『西ドイツの金融市場と構造』東洋経済新報社、1988年、山本征二『ドイツの金融・証券市場』東洋経済新報社、1991年、植嶋平治「西独の金融制度と金融資本市場の動向」大阪証券取引所〈インベストメント〉第40巻第5号、1987年、などがある。

(59) 円建て外債などを除く。日本銀行国際局〈国際収支統計月報〉第259号、1988年、参照。

(60) 東京証券取引所〈東証統計月報〉1987年12月、参照。

えていたのは外国資金であった。外国人投資家はすでに論じたようにマルク高を最も嫌っていたので、ブラックマンデーの時の強烈な為替レート上昇（マルク高）傾向は西ドイツ株式相場を下げる方向に作用した。アメリカの株価暴落の影響は、西ドイツの株式市場には主にスイス、イギリスなどのヨーロッパの銀行を経由して伝わった[61]。例えば、証券金融を行っていたスイスの銀行は、相場がまだ良好なうちに有価証券の売却を債務者に勧めていたのである[62]。外国人投資家は西ドイツ株式を大量に、しかもどんな価格においてでも売ろうとした（1987年第４四半期において買いに回ったのはOPEC諸国くらいである[63]）。

売られた株は、1987年の10月、11月のわずか２ヵ月だけで約60億マルクにも達している[64]。この額は1984年の西ドイツ株式の全購入額に匹敵する額であり、また史上最高を記録した1986年の居住者、非居住者を合わせた全株式購入額の実に半分近くに相当する。この額が、いかに大きかったかが分かるであろう。西ドイツ株式購入額の90％を占めてきた外国人が大量の売りに走ったのだから、その影響は大きかった[65]。そして、それがゆえに西ドイツでは株価が大きく下落したのである。

このように、ブラックマンデー後の株価動向は、両国の実体経済に大きく影響されたものであったように思われる。

---

(61) なお、1987年第４四半期における西ドイツにおける外国人投資家の売りは69億マルクであるが、このうちイギリスとフランスだけで45億マルクとなっている（Vgl.Dresdner Bank, “Der Auslandseinfluβ am deutschen Aktienmarkt”, *Dresdner Bank Wirtschaftsberichte*, 40. Jahrgang Nummer1., April 1988.S.8.）。

(62) *Frankfurter Allgemeine Zeitung*, 27. Oktober 1987. Bank of England, “The equity market crash”, *Bank of England Quarterly Bulletin*, February1988, p.56.

(63) Dresdner Bank, “Der Auslandseinfluβ am deutschen Aktienmarkt”, *Dresdner Bank Wirtschaftberichte*, 40. Jahrgang Nummer 1., April 1988.S.8.

(64) Vgl.Deutsche Bundesbank, *Statistische Beihefte zu der Monatsberichten der Deutschen Bundesbank*, Reihe 2, Januar 1988.

(65) 西ドイツの株式市場は狭いから、激しい株価変動が生じやすいという構造的な問題もある（Deutsche Bundesbank, “The economic scene in the Federal Republic of Germany in autumn 1987”, *Monthly Report of the Deutsche Bundesbank*, December1987. pp.20～21.）。

第3章

「1990年初めの日本の株価暴落は西ドイツ証券への資金流出によるものだ」という説は本当か

第1節
問題の所在

私は、前章において、1986年から1987年の日本と西ドイツの金融動向を株式市場を中心としながら比較、研究し、両国の対照的な株価動向が実体経済の動向の相違に大きく規定されたものであると論じた。本章では、研究対象の時期を1988年～1990年に移して、日本と西ドイツ両国の金融動向を実体経済の動きを踏まえながら比較、研究したいと思う。

さて、この時期の日本と西ドイツの両国において見られた極めて特徴的な金融上の現象は、1990年第１四半期における日本の株価暴落と西ドイツの株価上昇である。日本の株価が暴落局面を迎えていた一方で、西ドイツの株価はベルリンの壁の崩壊に端を発するドイツ統一ブームによって上昇していたのである。こうした事実は周知のところであるが、問題なのはこの両者の関連である。不滅の勢いすら感じさせていた日本の株式価格が一体何故1990年初めに突如として暴落したのか、この謎に世間の注目が集まっていた時期にいち早く明快な解答を与えたのは、宮崎義一氏の名著『複合不況』であった。宮崎氏は、1990年第１四半期の日本の株価暴落は、統一ブームに沸く西ドイツの株や債券へ日本の株式市場などから資金が流出したことに原因がある、と主張された。金融自由化以降、金融は実体経済から独立し、世界経済を動かすペースメーカーになり、日本の実体経済の動向には関わりのない国際的なマネーの移動が日本に株価暴落をもたらしたというのである。こうした宮崎氏の主張は、「優れた分析」として高い評価を与えられて広く支持されている。

だが私は、基本的な点において宮崎氏の主張には賛成できなかった(1)。宮崎氏の基本的な主張点は、①1990年初めから４月２日までの日本の株価暴落の原因は西ドイツ証券への国際的な資金移動にあること、②そしてそれは、日本のファンダメンタルズには関わりのないマネーの動きだということ、の二点であるが、私は宮崎氏とはまったく逆の立場をとるのである。というのは、私は、日本の株価暴落の原因は、西ドイツ証券への国際的な資金移動にではなく、日本の実体経済の変化にあると思うからである。すなわち、内需拡大と海外生産とによって輸出を伸ばさない様式で生産が拡大したこと、こうした実体経済の変化が円安を発生させたため、それまで実体経済から生じる金利の上昇圧力を抑え込んでいた日本銀行の超低金利政策が終焉せざるを得なくなり、その結果、金利の上昇によって株価暴落が必然となったのだと考える。

そこで、私は本章において、1990年第1四半期における日本の株価暴落と西ドイツの株高、債券高との関連について論じようと思う。日本の株価暴落の原因は、本当に西ドイツの株式や債券への資金流出にあるのであろうか。また、西ドイツの債券や株式への資金流出が原因でないならば、日本の株価暴落の原因は一体どこにあるのか。本章では、まず第2節において日本の株価暴落と西ドイツの株高、債券高との因果関係の有無を検討し、次いで第3節において、日本の株価暴落の原因を、日本銀行の金融政策やアメリカ経済を踏まえつつ、日本の実体経済の変化の中から説きたいと思う。

第2節 1990年第1四半期の日本の株価暴落と西ドイツの株高・債券高との関連性の検討

1. 宮崎説の概要

宮崎氏の所説を検討する前に、宮崎氏の主張の概要を示しておこう。

1990年第1四半期の日本の株価暴落の原因究明にあたり、宮崎氏がまずもって注目していることは、日本のファンダメンタルズに変化が見られないにもかかわらず、日本でトリプル安（株安・円安・債券安）が発生しているということである。宮崎氏は、当時の三重野康日本銀行総裁や橋本龍太郎大蔵大臣がこ

---

(1) 言うまでもないことだが、私が1990年の日本の株価暴落ついて宮崎氏に異論を唱えるからといって、宮崎氏の業績を過小評価するものでは決してない。宮崎氏は、例えば、名著『国民経済の黄昏——「複合不況」その後——』（朝日選書、1995年）の中に収められている「パックス・エコノミカを超えて」など多くの優れた研究をなされており、高く評価されるべきである。

の「現実」を直視せず、その経済的な分析を充分に行っていない点を批判された上で、その徹底した分析の必要性を強調された。この点について、宮崎氏は次のように言っている。

「日本銀行の三重野総裁は、1990年3月28日、定例記者会見において、3月20日の第4次公定歩合引上げや3月23日の日米蔵相会議の開催にもかかわらず、円安が一段と加速していることについて、日本経済のファンダメンタルズ（基礎的諸条件）に変化がなく、そのうえ…（中略）…実質金利差が日米間で逆転している点などをあげ、『円がずるずる安くなることは理解できない』と述べた。…（中略）…当時の橋本蔵相も…（中略）…公明党市川雄一書記長のトリプル安に関する質問（政府は日本のファンダメンタルズに変化はないと説明しているが、どういう要因で日本でトリプル安が引きおこされているのかという質問…佐藤）に答えて、『日本経済を見ると、物価は安定しながら、依然力強い拡大を続けている。日本経済のファンダメンタルズに変化が生じているとは見ていない』…（中略）…と、ただファンダメンタルズ不動という信念をくりかえすだけで、質問に何一つ答えていない。日銀総裁と蔵相に共通なことは、ファンダメンタルズに変化が見られないにもかかわらず、現にトリプル安が発生しているという現実を直視せず、その分析が不十分なのではないかという点である」(2)

そこで、宮崎氏はまず、日本のトリプル安が実際どのようなものであったのかということについて「現実」を直視することから日本の株価暴落の分析を開始する。以下に引用する通り、宮崎氏によれば、1990年になって4月10日までの10回に渡る東京株式市場での株価暴落は、そのほとんどが円安、債券安を伴って発生しており、しかもこの時にニューヨーク市場においても3回に渡ってトリプル安（ただし、ドル安はマルクに対して）であった、という。

「1990年になって、…（中略）…4月10日までの間、東京株式市場では、株式の大幅下落…を実に10回も経験している。そのうち…（中略）…九回のケースは、株安と同時に円安、債券安（10年国債）が発生しており、いわゆる“トリプル安”であることが注目される…（中略）…。しかも3月13日、30日と4月

２日の三回は、ニューヨーク市場においても同時に“トリプル安”であった。…（中略）…いうまでもなく、ニューヨーク市場におけるドル安というのは、いずれもドルの西ドイツ・マルクに対するレートの低下であって、円に対するそれではない」(3)

宮崎氏は、こうした事実認識を基に、次に日本の「トリプル安」現象の経済的な分析に着手する。宮崎氏の主張を聞こう。

「“トリプル安”とはなにか。仮に国内市場において株安が生じた場合、株を売って入手したマネーがもし他に吸収されることなく、同一国内の債券市場に向けて流れるならば、債券高が現出するはずである。…（中略）…ところが、トリプル安というのは、株式を売った資金が、国内の債券市場に向けて流れないばかりか、反対に債券市場でも『売り』が『買い』を上回り、それによって回収した資金も国内市場に有利なはけ口を見つけることができず、それらが合流して相対的に有利な海外市場に向けて流出する場合に発生する特別な現象である」(4)

宮崎氏によれば、トリプル安とは、株式を売った資金が国内の債券市場に流れないばかりか、反対に債券市場でも「売り」が「買い」を上回り、それによって回収した資金も国内市場に有利なはけ口を見つけることができず、それらが合流して相対的に有利な海外市場に向けて流出する場合に発生する特別な現象である。日本の株式価格が暴落した時にトリプル安という現象が発生しているということは、それまで日本の株式市場に流入していた資金が海外へ流出したことを意味する、という。では、日米の資金はこの時どこに流出したというのであろうか。宮崎氏の説明を聞こう。

「それでは、なぜこのような異例なケースが、東京市場と連動してニューヨーク市場において３回以上も続発したのであろうか。それを明らかにするために、

---

(2) 宮崎義一『複合不況』中公新書、1992年、199～200ページ。
(3) 同、200ページ。
(4) 同、201～202ページ。

…（中略）…フランクフルト市場…（中略）…に注目してみよう。東京市場とニューヨーク市場がいずれもトリプル安を示した３月13日、22日、30日の三回、フランクフルト市場では、いずれもトリプル高（株高・債券高・マルク高…佐藤）を示している。これは、東京市場から流出した資金とニューヨーク市場から流出した資金が合流して、フランクフルト市場へ流入したものと考えざるを得ないデータであろう。このような資金の国際的な流れは、たとえ日本経済のファンダメンタルズに変化がなくても、発生するのが金融自由化の時代のマネー経済の動きである」(5)

ここでは、三つの事柄が宮崎氏によって語られている。

第一に、日本の資金は、アメリカの資金とともに西ドイツの証券に向かったということである。宮崎氏によれば、日本とアメリカがトリプル安、すなわち株安、債券安、対マルク安である時に、西ドイツにおいてトリプル高、すなわち株高、債券高、マルクの対円および対ドル高が発生しているということは、アメリカの資金とともに日本の資金が株式市場などから西ドイツの債券と株式に流入したと考えざるを得ないデータである、という。

第二に、そうした資金の西ドイツへの流出が起こった典型的な時期が、1990年第１四半期の中でもとりわけ1990年の３月だということである。

そして第三に、そうした資金の流れは、日本経済のファンダメンタルズには関わりのないマネーの動きによるものだということである。

では何故、1990年になって日米の資金がそろってフランクフルト市場、すなわち西ドイツに向かったというのであろうか。宮崎氏の説明を聞こう。

「1990年になって日米の資金がそろってフランクフルト市場に向かったのであろうか。それは1989年秋の『ベルリンの壁』の崩壊につづく東ドイツの市民革命、さらに東西両ドイツの統一へと向うダイナミックな過程こそ、経済的に見てフランクフルト市場にたび重なるトリプル高をもたらした原動力に他ならない。すでにこれらの動向を敏感に感じとるかのようにマルクが上昇し、1989年10月10日、１ドル＝1.9マルクであったのが、…（中略）…90年に入ってその傾向はさらに進み、４月10日現在１ドル＝1.67マルクに達している。…（中

略）…1989年秋以降のマルクの対ドルレートおよび、とくに対円相場の急騰ぶりが見事に描き出されている」(6)

見られる通り、宮崎氏によれば、「1989年秋の『ベルリンの壁』の崩壊につづく東ドイツの市民革命、さらに東西ドイツの統一へと向かうダイナミックな過程」がその原動力であった、という。

宮崎氏はこうした自説を裏付ける事実として、この他にも、1989年12月末から1990年３月22日にかけて株式の時価総額が東京市場で約76％、ニューヨーク市場で89％も収縮しているのに、フランクフルト市場だけは2.25倍に拡大していること、そして1990年第１四半期の日本からの西ドイツ向け証券投資が実に18億ドルの流出超にもなっていることを挙げている(7)。

かくして、日本の株式価格の暴落は、西ドイツの証券への資金流出によるものであり、金融自由化の時代の中で、「日本経済のファンダメンタルズには関わりのないマネーの動きがもたらした現象」であると、宮崎氏は結論づけいるのである。以上が、宮崎氏の主張の概要である。

２．宮崎説の検討

(1) 日米の西ドイツ証券投資は、日本の株価を暴落させる威力はなかった

このように、宮崎氏は日本の株式に投資されていた国内外の資金が日本の市場から西ドイツの債券や株へ流れたことに日本の株価暴落の原因があるとしているが、だが果たして本当にそうであろか。先にも述べたように、私はそうではないと思う。というのも、まず第一に、日本などからの西ドイツ向け証券投資は実はこの時には直前の1989年第４四半期に比べてかなり衰えており、西ドイツ向け証券投資は日本の株価を暴落させるほどの影響力をもっていなかったからである。

---

(5) 同、202ページ。
(6) 同、202～203ページ。
(7) 同、203～204ページ。

図３－１　1988年～1990年における日本と西独の株価

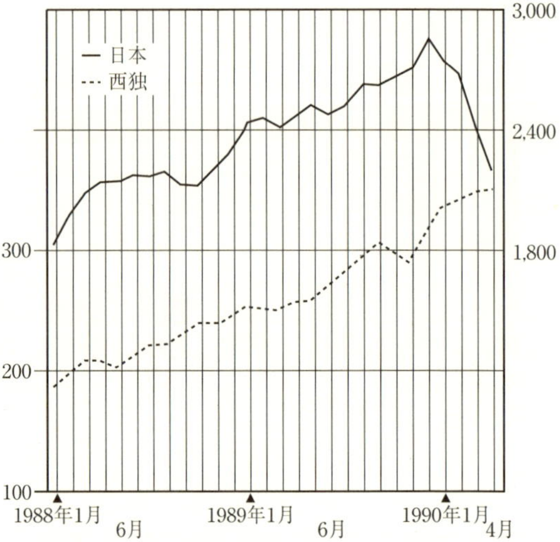

（注）日本の株価の目盛りは右。なお、日本の株価はTOPIX、西ドイツの株価は連邦統計庁株価指数（1980年12月30日＝100）である。

（出所）東京証券取引所調査部『東証統計月報』各号およびStatistisches Bundesamt, *Wirtschaft und Statistik*. 各号より作成。

周知のように、1990年第１四半期の西ドイツでは、ドイツ統一との関連で株価が上昇し、また金利水準も日米より高かった(**図３－１**および**図３－２**参照)。特に、西ドイツの株価は1989年の後半以降、東ドイツからの移住者の増加で住宅に対する需要が伸びたため、建設やセメント業界の株式を牽引役に上昇していた[(8)]。このように株価が上昇し、金利水準も高いというと、一見、それを目当てにこれまで以上に西ドイツの債券と株へ日本をはじめとする海外の資金が流入していったように思える。まして、宮崎氏が指摘しているように[(9)]、1984年の日米円ドル委員会を機に日本の為替管理政策が緩和され、国際的な資本取引が行われやすくなっているとなればなおさらそう思える。

しかし、実際はそうではない。逆に、直前の1989年第４四半期に比べて、日本からの西ドイツの債券と株式への投資は共にかなりの衰えが見えるのである。資料でこの点を確かめてみよう。

図３－３は日本の西ドイツへの証券投資額（ネット）を示したものであるが、それによると、日本の西ドイツへの証券投資は1990年第１四半期において18億ドルであり、直前の1989年第４四半期の26億ドルに比べて実に30％も減少している。これを西ドイツ連邦銀行の資料に基づいて債券と株とに分けて見てみると、株式投資は前期比で約10％、債券投資は70％、それぞれ共に減少している[(10)]。

図３－２ 日・米・西独の長期金利と公定歩合

（単位：％）

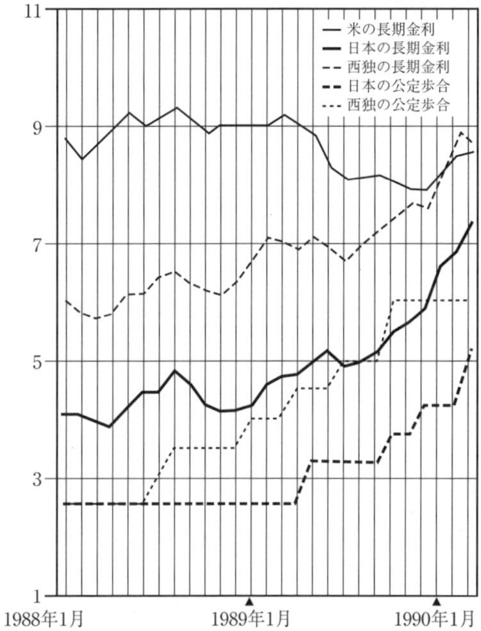

（出所） 日本銀行調査統計局『日本を中心とする国際比較統計』各号
日本銀行『経済統計月報』各号
Deutsche Bundesbank, *Statistische Beihefte zu den Monatsberichten der Deutschen Bundesbank,* Reihe. 2, 各号より作成。

では、西ドイツへの証券投資という点で宮崎氏が日本と共に注目しているアメリカはどうであったろうか。**図３－４**を見てみよう。1990年第１四半期のアメリカの西ドイツへの証券投資（ネット）もやはり前期比で55％も減少している。形態別に見ると、株式投資は40％の減少であり、債券投資に至っては買い越しから若干の売り越しとなっている[11]。このように、西ドイツの債券に対しても、株式に対しても、日本とアメリカからの投資は直前の1989年第４四半期に比べてかなり衰えているのである。

では、ここでこうしたデータを基に、西ドイツへの資金流出が日本の株式価格の暴落に対していかほどの威力があ

---

(8) Statistisches Bundesamt, "Aktienmarkt im Jahr 1989", *Wirtschaft und Statistik*, Stuttgart, 1, 1990, S.37. Vgl.Statistisches Bundesamt, *Statistisches Jahrbuch1991für das vereinte Deutschland*. S.354.なお、この時期の住宅建設の好調さについては、Deutsche Bundesbank, "The economic scene in the Federal Republic of Germany in spring 1990", *Monthly Report of the Deutsche Bundesbank*, Frankfurt am Main, June 1990. p.30.と Statistisches Bundesamt, "Sozialprodukt im bisherigen Gebiet der Bundesrepublik Deutschland im Jahr 1990", *Wirtschaft und Statistik*, Stuttgart, 1, 1991, S.22. を参照。

(9) 宮崎義一『複合不況』中公新書、1992年、109～115ページ。

図３―３　日本の対西独証券投資

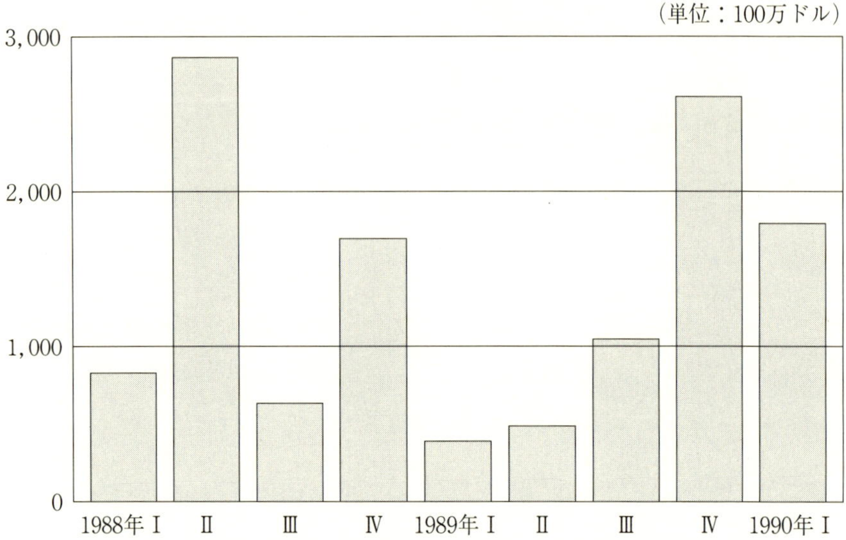

（注）　数値はネット。プラスは日本から西ドイツへの資金の流出を示す。
　　　　なお、ローマ数字は各四半期を表している。
（出所）　大蔵省国際金融局年報編集委員会『大蔵省国際金融局年報』各年版より作成。

ったのかを検証してみよう。

検証にあたっては、宮崎氏に有利なように一歩ゆずって、1990年第１四半期の日本とアメリカ両国の対西ドイツ証券投資に必要な資金がすべて日本株の売却によって調達されたものと仮定して、西ドイツへの証券投資が日本の株価に対して与えた影響を試算してみることにする。ここに「一歩ゆずって」というのは、実際問題としては、日本とアメリカから西ドイツへ証券投資が行われる場合、その投資に必要な資金のすべてが必ずしも日本株の売却によってのみ調達されるとは限らないからである。例えば、アメリカからの西ドイツへの証券投資の場合、西ドイツ証券の購入資金はアメリカ人の手持ちの現金が用いられることもあれば、またアメリカ債券を売って賄われる場合もある。同様に、日本からの西ドイツの証券投資についても、手持ちの現金を用いて行う場合もありうるし、日本の債券を売却することによって調達することなどもありうる。

図3—4 米の西独向け証券投資

(単位：100万マルク)

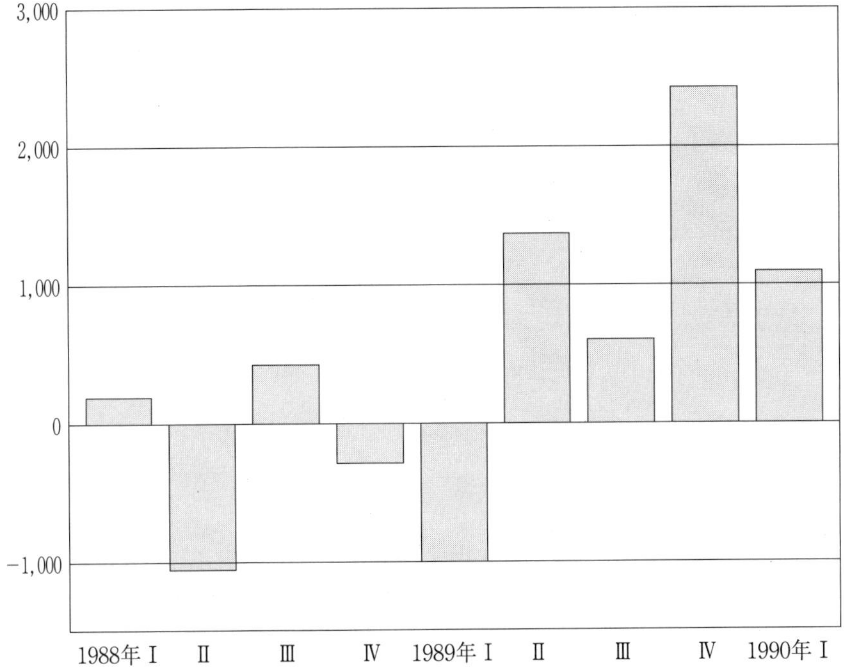

(注) 数値はネット。マイナスは西ドイツからの資金の引き揚げを示す。なお、ローマ数字は各四半期を表している。

(出所) Deutsche Bundesbank, *Statistische Beihefte zu den Monatsberichten der Deutschen Bundesbank,* Reihe 3.各号より作成。

実際、西ドイツへの証券投資に必要な資金が、日本の株式の売却によってだけでなく、アメリカの債券や株式、日本の債券の売却によっても行われたことを宮崎氏も認めているのだから、日本とアメリカの西ドイツ証券購入のための資金のすべてが日本の株式の売却のみによって賄われたとする仮定は、日本の株価暴落と西ドイツの証券投資との因果関係に関する宮崎氏の説を検討する場合

---

(10) Deutsche Bundesbank, *Statistische Beihefte zu den Monatsberichten der Deutschen Bundesbank*, Reihe 3, Dezember 1990, Nr.12, S.39.

(11) Ebenda.

表３―１　日本の部門別株式売買代金（東証一部）

（単位：億円）

	1989年Ⅰ	1989年Ⅱ	1989年Ⅲ	1989年Ⅳ	1990年Ⅰ
外国人	▲1355	▲15299	▲5004	▲4502	▲23298
金融機関	1558	22720	14192	7412	▲19232
投資信託	▲2457	4872	7442	5805	12431
個人	▲3738	▲9014	▲10728	▲8885	16531
事業法人	▲2457	4872	7442	5805	12431

（注）　数値はネットであり、▲印は売り越しを示す。ローマ数字は各四半期を表している。
（出所）　東京証券取引所『東証統計月報』各号より作成。

には宮崎氏に極めて有利な仮定であるといえる。

ここでは、こうした宮崎氏に極めて有利な仮定の下に、すなわち日本もアメリカも西ドイツの証券購入に際して、それに必要な資金のすべてを日本の株式の売却によって調達したという仮定の下に試算してみよう。

日米両国の対西ドイツ証券投資の合計額と、この時の日本の株式市場での株式の主要な売り手である「外国人」投資家および「金融機関」の売り越し額とを比較してみると、その影響度は一目瞭然となる。まず、日米両国の対西ドイツ証券投資の合計額に関してであるが、日本の西ドイツへの証券投資は18億ドルであり、これを1990年１月から３月までの各月のフランクフルト市場におけるマルクの平均的な対ドルレート（１ドル＝1.686マルク）で換算すると30億マルクになる。これにアメリカの西ドイツ向け証券投資額の11億マルクを加えて、日米両国の対西ドイツ証券投資を計算すると41億マルクである。すなわち、これだけの資金が証券投資という形で西ドイツへ資金流出した計算になる。他方、日本の東京証券取引所における「外国人」投資家と「金融機関」の株の売り越し額の方はどうであったかというと、これとは比べものにならないほど巨額である（**表３－１**参照）。これら投資家の売り越し額の合計は４兆2530億円であり、これをこの時の東京市場での平均的な円の対マルクレート（１マルク＝88円）で換算すると実に483億マルクにも達する。すなわち、日本の株式市場での「外国人」投資家と「金融機関」の売り越しが483億マルクという巨額に上っている時に西独へ流れた資金は、たかだかその約８％に当たる41億マルクにすぎないのである[12]。

いうまでもなく、この約８％という数値はわずかな値ではあるが、これでも実際にはありえそうもないほどの、宮崎氏に極めて有利な仮定の下での数値である。もし、宮崎氏に有利な仮定をはずせば、実際には、このわずかな数値は一層わずかなものになることは想像に難くない。したがって、わずかこれだけの資金で日本の株式市場を暴落させるなど到底不可能である。日本やアメリカからの西ドイツへの証券投資は衰えており、西ドイツ証券への資金の流出は日本の株価暴落に対してほとんど影響力はなかったと言ってよい。

ところで、西ドイツで株価が上昇し、また金利水準も高いのに、一体何故アメリカや日本からの西ドイツ証券への資金流入が衰えたのであろうか。その理由は、何よりもこの時期（1990年第１四半期）にドイツ統一との関連で投資家の間に先行きに対する懸念が生じ、その結果金利上昇の勢いがあまりにも強くなったことである[13]。すなわち、ドイツマルクの東ドイツへの導入に関わって通貨供給量が大幅に増えて「インフレ」が起こるのではないかという観測が広がったこと[14]、東ドイツから流入した人々の商品や住宅に対する旺盛な需要によって西ドイツの生産設備がフル稼働に近い状態になり、過熱の様相を呈し始めていたこと、などによって西ドイツの長期金利が1990年の１月と２月に勢いよく上昇し続けていたからである（**図３－２**参照）。だから、日本やアメリカの機関投資家は評価損の発生などの債券価格の変動による損失を避けるために債券投資を一時手控えたのであり[15]、また、株式投資に関してもこうした金利上昇などを背景にやや慎重になったのである。

---

(12) マルクの対ドルレートについては、Deutsche Bundesbank, *Statistische Beihefte zu den Monatsberichten der Deutschen Bundesbank*, Reihe 3, を参照。なお、宮崎氏は言及しておられないが、西ドイツへの資金流出先としては証券の他に銀行預金が考えられうる。しかし、西ドイツ連邦銀行の統計で見る限り、西ドイツの銀行預金への日本からの資金流入はあまり増えていない。

(13) Deutsche Bundesbank, "The economic scene in the Federal Republic of Germany in spring 1990", *Monthly Report of the Deutsche Bundesbank*, June 1990. p.36.

(14) Deutsche Bundesbank, *Report of the Deutsche Bundesbank for the year 1990*, (Frankfurt am Main, 1991), p.53.

⑵ 日米を除く諸国の西ドイツからの証券投資の引き揚げとEC主要国の金融政策

さて、これまで西ドイツ証券への資金流出と日本の株価暴落との関連性について、日本とアメリカの資金に限定して見てきた。日本とアメリカの資金に関する限り、西ドイツ証券市場への資金流出が日本の株価暴落の原因になったとは考えられない。では、それ以外の国からの西ドイツへの証券投資はどうなっているのであろうか。アメリカ以外の外国人投資家が西ドイツへの証券投資のために日本株を売っていることも考えられるし、また、他国を仲介として間接的にアメリカや日本の資金が西ドイツに流入している可能性もあるので、この点についても言及しておこう。

もし、アメリカや日本以外の国から西ドイツへの証券投資が増えているとすれば、宮崎氏の主張する日本の株価暴落と西ドイツ証券投資との因果関係を完全に否定することはできなくなるわけだが、しかし現実はどうであったかというと、資金が西ドイツの証券に流入するどころか、逆に世界の主要な金融センターのあるイギリスやルクセンブルグなどを中心にして、西ドイツの証券からの資金の引き揚げが起こっている。**図3－5**に示した西ドイツ連邦銀行の資料によれば、アメリカと日本を除く国々の西ドイツへの証券投資は、1989年第4四半期には203億マルク（ネット）にも上る大幅な流入があったのに、1990年第1四半期には一転して69億マルクの引き揚げになっている。債券が大幅な売り越しになったのに加え、株式の購入が半減したのがその原因である。このように、現実はやはり宮崎氏の主張とは逆なのである。

日本とアメリカでは、量的に減ったとはいえ、まだ西ドイツへの資金の流入があったが、それ以外の諸国では西ドイツから資金が引き揚げられている。これは一体何故であろうか。その大きな理由の一つとして、EC諸国での統一的な経済・金融政策であるEMS（66ページ参照）が挙げられると思う。EMSとは、EC加盟国間での緊密な通貨協力を目指して創設されたものであり、EC10ヵ国通貨のバスケットによって決定される欧州通貨単位（ECU）を基に加盟国間の為替レートを一定程度固定するものである。日本やアメリカの投資家の場合、マルクが上がっているから為替差益が得られるし、また西ドイツの債

図3—5 日米以外の国からの対西独証券投資

（単位：100万マルク）

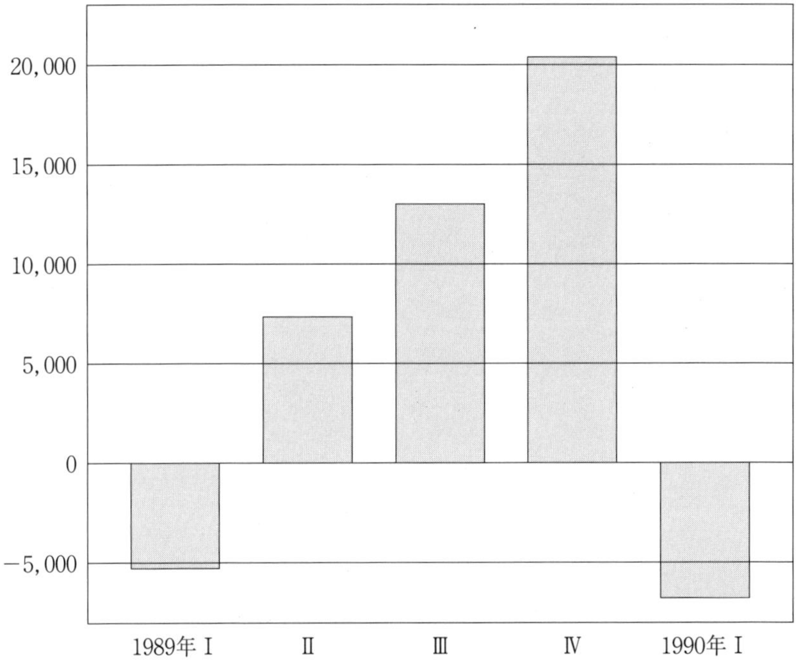

（注） 数値はネット。マイナスは西ドイツからの資金の引き揚げを示す。ローマ数字は各四半期を表している。

（出所） Deutsche Bundesbank, *Statistische Beihefte zu den Monatsberichten der Deutschen Bundesbank,* Reihe 3.各号より作成。

券利回りは少なくとも日本のそれよりは高いから、投資する魅力がゼロというわけではない。しかし、このEMS加盟国の投資家の場合は事情が異なるのである。以下でその理由を説明しよう。

西ドイツでは1989年において、①ヨーロッパ諸国での好景気による外需（投資財需要）の増加を背景として景気に過熱感が生じたこと(16)、②通貨供給量が

---

(15) Deutsche Bundesbank, “The economic scene in the Federal Republic of Germany in spring 1990”, *Monthly Report of the Deutsche Bundesbank*, June 1990. p.16.

(16) Deutsche Bundesbank, *Report of the Deutsche Bundesbank for the year 1989.* p.13.

高い伸びを示していたこと、③利子源泉課税（これは国内の利息収入に10%課税するものであり、減税の代替財源として1987年に導入が発表された）によって外国からの証券投資が減少してマルク安が進んだこと[17]、の三点によって物価の安定や対外不均衡の是正が脅かされる危険性が出てきたので、インフレ阻止を至上命題とする西ドイツ連邦銀行は1989年中も公定歩合やロンバートレート（債券担保貸し付けの金利）を引き上げ、金融の引き締め政策を積極的に行った[18]（**図3－2**参照）。

西ドイツの金利上昇は、アメリカに対して西ドイツの金利上の優位性を高め、また日本に対してはそれを維持する役割を果たしたが、EMS加盟国に対してはそうではなかった。EMSの下では、一定の基準レートに対して加盟各国の通貨の変動幅を原則として上下各2.25%以内に収めなければならないことになっているから、西ドイツに対して貿易赤字を抱えていた加盟各国では、西ドイツの金利上昇に連動して自国の金利を引き上げ、金利上の優位性を維持せざるを得なかった[19]。そうしなければ、貿易赤字の上にさらに長期資本収支の悪化まで背負うことになり、自国の為替レートを許容範囲内に収めることができなかったからである。

こういうわけでEMS加盟国は、西ドイツに対して金利上の優位性があったし、対マルクレートも比較的安定していた。だから、1990年第1四半期に西ドイツで金利の不透明性やドイツ統一に対する懸念が生じたとなれば、なおさらEMS加盟諸国の投資家には西ドイツへ証券投資する理由はほとんどなくなったのであった。またイギリスにしても、ポンド防衛のために西ドイツの金利引き上げに対抗して金利を上げていた（国内のインフレ対策という側面もあった）ので、金利の低い西ドイツの債券に投資する意味はなかったのである。

以上見てきたように、日本やアメリカからの西ドイツへの証券投資は1990年第1四半期においては減少している。たとえ宮崎氏の主張に有利な仮定を置いたとしても、その合計額は日本の株式市場での外国人投資家と金融機関の売り越し額には遥かに遠く及ばないし、またそれ以外の国からの西ドイツへの証券投資に関しても、資金が西ドイツの証券に流入するどころか逆に引き揚げられている[20]。かくして、西ドイツ証券市場への資金流出は日本の株価暴落の原因ではあり得ないと断ずべきである[21]。

もし、こうした判断を下さず、あくまで西ドイツへの資金流出に日本の株価暴落の原因を求めようとするならば、その場合には、日本の株価暴落の歴史性が不明にならざるを得なくなるであろう。確かに、1990年第1四半期の日本の西ドイツ向けの証券投資が18億ドル（ネット）に上っており、日本経済新聞紙上において西ドイツ株価の上昇は「日本相場」[22]だと報道されてはいるが、しかし注意しなければならないことは、この程度の投資額であれば1988年や1989

---

(17) 利子源泉課税は外国からの証券投資を減少させ、マルク安を過度に推し進めるとして、1989年4月に廃止が発表されることになる。なお、この点については、Deutsche Bundesbank, "Germany's Securities Transactions with nonresidents in the second half of the eighties", *Monthly Report of the Deutsche Bundesbank*, April 1991, p23.や Deutsche Bundesbank, *Report of the Deutsche Bundesbank for the year 1988.* p.30.を参照。

(18) Deutsche Bundesbank, *Report of the Deutsche Bundesbank for the year 1989.* p.31～34.なお、西ドイツの金融構造、制度については、Deutsche Bundesbank, *Die Deutsche Bundesbank; Geldpolitische Aufgaben und Instrumente*, Sonderdrucke der Deutschen Bundesbank, Nr.7, 5. Auflage. 1989.や相沢幸悦『西ドイツの金融市場と構造』東洋経済新報社、1988年、同『現代ドイツの金融システム』東洋経済新報社、1993年、山本征二『ドイツの金融・証券市場』東洋経済新報社、1991年、植嶋平治「西独の金融制度と金融資本市場の動向」大阪証券取引所〈インベストメント〉第40巻第5号、1987年、などを参照されたい。

(19) EMS については、ジャック・ヴァン・イペルゼル、ジョーン・クロード・クース著、東京銀行ブラッセル支店訳『EMS』東京リサーチインターナショナル、1986年および藤川和隆「欧州通貨制度におけるドイツマルク介入の意義」（相沢幸悦編著『EC 通貨統合の展望』同文舘、1992年所収）を参照。また、西ドイツの EMS 加盟国に対する貿易黒字については、Deutsche Bundesbank, *Statistische Beihefte zu den Monatsberichten der Deutschen Bundesbank*, Reihe 3, Juli 1990, Nr. 6, S. 10. や Deutsche Bundesbank, "The Balance of payments of Federal Republlic of Germany in 1990", *Monthly Report of the Deutsche Bundesbank,* p.30.および、Statistisches Bundesamt," Außenhandel 1990", *Wirtschaft und Statistik,* Stuttgart, 2, 1991を参照。

(20) なお、西ドイツの投資家による日本株からの資金の引き揚げという事態も、西ドイツ連邦銀行の資料で見る限り起こっていない。

(21) なお、日米を除く国々の資金が西独の銀行預金へ流入したという可能性もあるが、しかし西ドイツ連邦銀行の統計で見る限りその額はあまり大きくない。また、西ドイツ自体の日本への証券投資の状況について言えば、1989年第4四半期と比べ大きな変化は見られない。(Vgl.Deutsche Bundesbank, *Statistische Beihefte zu den Monatsberichten der Deutschen Bundesbank,* Reihe 3, Juli 1990, Nr.6)。

(22) 日本経済新聞（1990年3月25日）。

年においても度々記録されているということである（**図3－3**参照）。特に、1988年第2四半期などは1990年第1四半期の倍近い金額であるが、その時には日本の株価は暴落するどころか逆に急騰の最中にある。したがって、日本の株価暴落の原因は何かということが問われている時に、宮崎氏のように西ドイツ証券への資金流出という要因を単に唱えるだけでは何故1990年第1四半期に限って日本の株価暴落が生じたのかという歴史性の問題が不明とならざるを得ない。

(3) 1990年第1四半期における西ドイツの「トリプル高」の真の構図

これまで、西ドイツ証券市場への資金流出が日本の株価暴落に対していかほどの影響力があったのかということを中心に宮崎氏の所説の当否を検討してきた。では、次に宮崎氏が自説の正当性を示すものとして提示された根拠についても検討を加えておこう。

宮崎氏の主張の根底にあって、それを支えているものは、「日本でトリプル安（株安、債券安、円の対マルク安）が起こっている時に、西独でトリプル高（株高、債券高、マルクの対円高）が生じている。これは、西独の証券に資金が日本株式市場などから大量に流出したと考えざるをえないデータである」という事実認識である。

宮崎氏のこの分析は、大変説得的なものとして人々によって受け入れられている。日本における「トリプル安」という現象は、大蔵大臣や日本銀行総裁にも説明困難な現象であったにもかかわらず、宮崎氏はそうした解明困難な謎を、西ドイツへの証券投資との関連において首尾一貫した論理で実に鮮やかに解いてみせたのである。多くの研究者が日本の株式価格の暴落に関する宮崎氏の説を「優れた分析」として高く評価し、支持してやまない理由は、この反論の余地などまったくないように見えるほど首尾一貫した論理での鮮やかな分析と決して無関係ではないであろう。

だが、果たして本当に宮崎氏が主張されるように、日本でトリプル安が起こっている時に、西ドイツでトリプル高が生じていることは、西ドイツの証券に資金が日本から大量に流出したと考えざるをえないデータなのであろうか。

私は、この宮崎氏の分析にも異議を唱えたい。西ドイツの「トリプル高」は、日本における株価暴落に代表される「トリプル安」とは別の要因によって発生しているのではないのだろうか。そこでまず、西ドイツでの「トリプル高」の真実の姿を解き明かしてみよう（日本の「トリプル安」現象の分析は次節において行う）。

宮崎氏の立論にあって極めて重要な地位を占めているものは、ここで「トリプル」と言われる「為替レート」、「株」、「債券」の三つのうちの「為替レート」の問題である。というのも、日本から西ドイツへの資金移動を示すものが為替レートだからである。例えば、為替を除く、他の二つの要因、すなわち株式価格、債券価格のみが日本と西ドイツで逆の傾向を示しただけであったと仮定しよう。その場合には、たとえ日本で、株安、債券安が、そして西ドイツで株高、債券高が同時に起こったとしても、それだけでは、西ドイツの証券に資金が日本の証券から大量に流出したと考えざるを得ないデータであるとは言えないであろう。為替レート、すなわちマルク高・円安という要素が加わって初めて、日本の株式と債券から西ドイツの株式と債券への資金移動があったとする宮崎氏の推論が成立することになっている。

それゆえ、宮崎氏自身も自説を裏付ける事実だとして、為替レートの動向について「1989年秋以降のマルクの…（中略）…とくに対円相場の急騰ぶりが見事に描き出されている」[23]ことを強調しているように思う。

このように為替レートの問題は、宮崎氏の立論にあって大変重要な地位を占めている。そこで私も、「為替」、「債券」、「株式」の三要素のうち、最初に為替レートの問題から論じることにする。

図3－6は、マルクの対円相場を1988年から1990年第1四半期まで追ったものである。確かに宮崎氏の主張される通り、マルクは1990年第1四半期においても円に対して上昇している。だが、1990年第1四半期のマルク高・円安は、宮崎氏の主張されるような証券投資によって発生したものではない。この時の日本の証券投資は、西ドイツに対しても、また海外全体に対しても、直前の四

---

(23) 宮崎義一『複合不況』中公新書、1992年、203ページ。

図３－６　マルクの対円相場

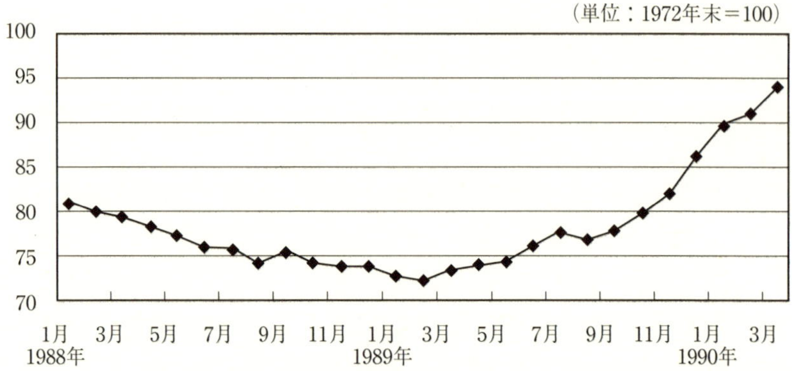

(出所) Deutsche Bundesbank, *Monthly Report of the Deutsche Bundesbank* より作成。

半期に比べて減少しているからである[24]。この時期、マルク高・円安になったのは、日本からの製造業を中心としたメーカーなどが統一ブームに沸く西ドイツでの現地生産拠点の設置を活発化させたことなどによるものである[25]。「マルク高・円安」という為替レートは、こうした生産拠点設置のためのマルク需要などを反映していた。

「マルク高・円安」はこうしたことによって発生したものであるが、では西ドイツの「トリプル高」と言われる他の二つの要素はどうであったろうか。「マルク高・円安」が海外からの証券投資を反映したものではない以上、西ドイツ債券や株式の買い手が一体誰であったのかが当然問題となる。まず、西ドイツの「債券高」についていえば、実は海外の投資家ではなく、西ドイツの国内の投資家によって引き起こされていた。**表３－２**を見ていただきたい。これは、1990年第１四半期における西ドイツの債券の購入者を示したものであるが、ここから、海外投資家ではなく国内の投資家が西ドイツの債券を買っていた一端がうかがわれるであろう。とりわけ家計部門が、西ドイツの景気の拡大による高い金利水準の中で債券の購入を活発化させていたのである。

西ドイツの「株高」も、ほぼこの債券の状況と同様であった。海外投資家の西ドイツ株式の購入状況を見てみると、1990年第１四半期においては時が経つ

表3—2 1990年第1四半期における月別の西ドイツ債券の購入者内訳

（単位：100万マルク）

	居 住 者	非 居 住 者
1月	23,886	290
2月	21,336	▲6,344
3月	20,725	▲5,329

（注） ▲印はマイナスを表す記号であり、債券が手放されたこと（ネット）を示す。
（出所） Deutshe Bundesbank, *Bonthly Report of the Deutshe Bundesbank,* vol.42 No.6, June 1990より作成。

につれて「買い」から「売り越し」へと転じていて、次第に株式市場は国内投資家によって支えられるようになっていた[26]。

事実、宮崎氏が、「西ドイツのトリプル高」と「日本のトリプル安」とが同時に発生し、日本の資金がアメリカの資金と共に西ドイツの証券へ流れ込んだ典型として1990年3月という時期の存在を強調しているが、実はこの時期は宮崎氏の主張とはまったく逆に日本の資金が西ドイツ証券から引き揚げられているのである[27]。

この点については**図3－7**を見ていただきたい。これは、1990年第1四半期における日本の西ドイツへの証券投資を細かく月別に分けて示したものである。それによると、1990年3月は「売り越し」になっており、日本の資金が西ドイツの証券へ流入するどころか、逆に9億ドルも引き揚げられていることが分か

(24) ドイツ連邦銀行の統計によれば、日本からの西ドイツへの証券投資は25億マルクの流入から17億マルクへと減少している。また、日本銀行の〈国際収支統計月報〉によれば、日本の海外全体に対する証券投資は379億ドルから50億ドルへと減少している。

(25) 日本銀行国際局〈国際収支統計月報〉、日本貿易振興会『世界と日本の海外直接投資』1992年版、参照。

(26) Vgl.Deutsche Bundesbank, *Monthly Report of the Deutsche Bundesbank,* Vol 42 No.6, June 1990.

(27) この1990年3月という時期は、1990年第1四半期の中にあっても、宮崎氏の主張にとって重要な意味をもつ時期である。宮崎氏によって示された叙述および資料によれば、1990年4月10日までの間に日本で起こった10回にわたる株価の大幅下落のうち5回が集中している時期でもあるからである（宮崎義一『複合不況』中公新書、1992年、200～201ページ参照）。それにもかかわらず、この時期において、宮崎氏の主張とはまったく逆に、日本の資金が西ドイツの証券から資金が引き揚げられていることに注目すべきである。

図３－７　1990年第1四半期における月別の日本の対西独証券投資

（単位：100万ドル）

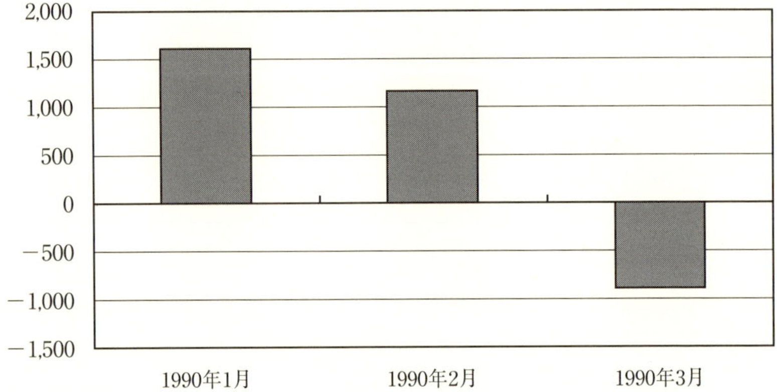

（注）数値は、ネット。マイナスは、資金が西ドイツ証券から引き揚げられたことを示す。
（出所）大蔵省国際金融局年報編集委員会『大蔵省国際金融局年報』1991年版、より作成。

る。このように、ここでも現実は宮崎氏の主張とはまったく逆なのである。

以上、宮崎氏の所説を検討してきた。宮崎氏の描く構図は、現実の西ドイツの「トリプル高」とは異なっているだけでなく、日本やアメリカからの西ドイツへの証券投資が日本の株式市場での外国人投資家と金融機関の売り越し額には遥かに遠く及ばないことを見ても分かる通り、日本の株価暴落をもたらした外国人投資家と金融機関の日本株売りは、西ドイツ証券への資金流出という事柄では説明できない大きな広がりとうねりをもっているのである。

第３節

1990年第１四半期における日本の株価暴落の原因は何か

1990年第１四半期における株価暴落の原因は、西ドイツ証券への資金流出にはない。株価暴落の時に日本の株式を大量に売ったのは、外国人投資家であり、次いで日本の「金融機関」であるが（**表３－１**参照）、では、何が原因でこれらの投資家は日本の株式を売ったのであろうか。

私は、宮崎氏が真っ先に原因として否定した日本の実体経済の動向にこそ日本の株価暴落の根本的な原因があると考える。すなわち、内需拡大と海外生産とによって輸出を伸ばさない様式で生産が拡大したこと、こうした実体経済の変化が円安を発生させたため、それまで実体経済から生じる金利の上昇圧力を抑えこんでいた日本銀行の超低金利政策が終焉せざるを得なくなり、その結果、金利の上昇（債券安）によって株価暴落が必然となったのだと思うのである。

以下、この点を順をおって論じよう。まず第一に、日本における実体経済の変化について説き、第二に、この実体経済の変化が円安につながるまでの過程を、第三に、この円安が超低金利政策を終焉させて債券安をもたらすまでを、そして最後に、金利上昇から株価暴落が発生するまでの過程を明らかにする。

１．日本の実体経済の変化

宮崎氏が注目されたように、1990年第１四半期における日本の株価暴落は、債券安（＝金利上昇）と円安を伴って発生している。私もまた、宮崎氏と同様に、日本の株価暴落を分析する際には、日本でのこの「トリプル安」現象に注目すべきであると考えものである。だが、この日本の「トリプル安」は、宮崎氏の所説とは異なった原因から発生している。では一体、日本の「トリプル安」はいかにして発生したのであろうか。

当時、日本経済新聞などでは、この日本の「トリプル安」、すなわち株安・債券安・円安の三者の間には相互関係があると報道された。すなわち、債券安（＝金利上昇）は株式の金融資産としての優位性を低めるために株価の下落を誘うし、また株価が下落すれば、外国人投資家などが資金を日本から引き揚げるので円安が生じ、こうした円安がまた逆に根拠となって日本の株や債券への投資を減少させ、債券安・株安を発生させるという構図である。

だが私は、相互に作用しあう株安、円安、債券安という三つの要因の根底にあって、それらを序列をもって発生させていったものがあると考える。日本の実体経済の変化がそれである。すなわち、以下に述べるような、内需拡大と海

図３－８　日本の対外直接投資比率、海外現地生産比率の推移

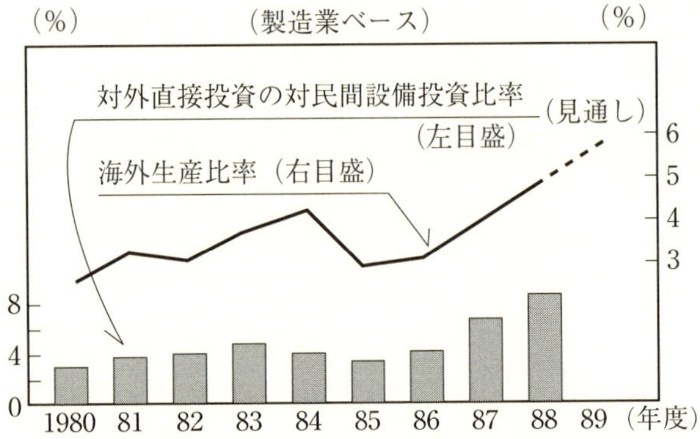

（資料）通商産業省「第19回我が国企業の海外事業活動動向調査（平成元年12月）」
大蔵省「国際金融局年報」「対外及び対内直接投資届出実績（平成元年10月）」
経済企画庁「国民所得統計」
（出所）日本銀行『調査月報』1990年5月号、27ページ。

外生産とによる輸出を伸ばさない形での経済拡大である。こうした実体経済の変化が、円安、債券安、株安を相次いで発生させることになった。

日本経済は膨大な貿易黒字を抱えていたため、1985年のプラザ合意を契機として景気後退に見舞われた。だが、すでに第２章で論じたように、景気の反転の様式が特殊であったために「円高不況」のつめ跡が大きくならず、その結果、その分だけ設備投資を再開するための余地が残されていた。事実、景気は1986年の11月に底をうった後、1987年半ば以降急速な立ち上がりを見せる。ここにおいて大いに注目すべきことは、従来のような輸出を大きく伸ばす様式ではなく、輸出を伸ばさない様式で生産の拡大が行われたことである。何故、輸出を伸ばさない形での景気拡大が日本で成立してきたかというと、その根拠は1985年のプラザ合意を契機とした円高不況のうちにある。円高・ドル安が輸出依存度の高い日本の主要産業を直撃したので[28]、日本の企業としては輸出を伸ばさない形での経営を強制された。企業では、この必要に対応するために、概して次の二つの方法がとられた。

一つは、直接投資を通じて海外生産を高めるという方法である（**図3－8**参照）。当初こそ、現地で部品が調達できず、日本からの部品供給という形でかえって輸出を増やすという結果になったが、しかし、1989年以降は現地での部品調達が可能となり、輸出を大きく抑えることに成功している[29]。

もう一つは、「内需の掘り起こし」という言葉に象徴的に示されているように、日本国内での販売をこれまで以上に増やすという方法である。

後者の点について、以下で少し触れておこう。

円高で苦しむ日本の企業は、国内市場での販売を増やすために主に二つの種類の設備投資を活発化させた。一つは、市場の需要に迅速に即応できる体制をつくるための設備投資である。国内市場において他社に打ち勝って販売額を伸ばしていくためには、市場が需要している商品を他社よりも早く察知し、供給していかなければならない。そこで、製造業ではフレキシブル生産システム（FMS）[30]やコンピュータ支援設計（CAD）[31]、流通ではPOSシステムなどが導入されていったのである。

こうした流れは、関連の産業にもコンピューター化に向けた設備投資を強制した。例えば、トヨタのカンバン方式に見られる即日配送の他、アパレル産業においても、納期短縮のための集中的な配送システムの構築が必然となったという。「流通業が店頭の売れ筋商品をメーカーにその都度発注し、『翌日配送』を求めてくる」[32]関係上、この小口の要求に応えられなければ他社との競争に敗れてしまうからである。

もう一つは、新商品の開発や既存の商品の多様化、業際化のための設備投資である。省力化と合理化によって既存の商品のコストダウンを図ることは企業

---

(28) 下平尾勲『円高と金融自由化の経済学』新評論、1987年、85～126ページ参照。

(29) 日本銀行調査統計局「平成元年度の金融および経済の動向――大型景気の実現と対外収支調整の進展――」〈調査月報〉1990年5月号、27ページ。

(30) Flexible Manufacturing System。多品種少量生産をロボットやNC工作機械などによって実現しようとするものである。

(31) Computer aided design。コンピューターによって、製品を設計するものであり、設計時間の短縮に大きな効果があると言われている。

(32) 日本経済新聞（1989年12月5日）。CADなどについては、井村喜代子『現代日本経済論』有斐閣、1993年、352～353ページ参照。

戦略として基本となってはいたが、しかしそれだけでは成熟した市場の下で販売の拡大はあまり望めないので、消費需要を喚起するような新製品の開発・生産に向けた投資が精力的に行われた。ハイレベルの技術をミドル、ローレベルのものへ応用したり、あるいはまた既存の技術を前提にしつつ異質化を図ったりすることで、新商品の開発や商品の多機能化、大型化・小型軽量化、高級化、品質向上が進んでいったのである。特に、大型化・高級化に関しては、円高に対応して国内市場で利幅を確保する狙いもあった[33]。

1987年以降の景気の回復と活況は、こうした企業の設備投資に主導されたものである。確かに、個人消費も活性化要因ではあろうが、しかしそれは企業の設備投資によってもたらされた派生的なものにすぎない[34]。また、住宅建設についても、企業の設備投資主導による景気回復を補足する役割を果たしたにすぎない。確かに、金利の低下は持ち家の購入を容易にしただけでなく、何よりも、余剰資金の形成と相俟って地価高騰を引き起こし、節税対策や住宅取得難などとの関係において貸家建設を大きく増大させた[35]。これによって、建設業だけでなく、建設資材や家具といった関連の産業においても賃金上昇や雇用の増加が生じたが、しかしこれは景気拡大の主役ではなかった。

さて、こうした内需の拡大と海外生産の進展という実体経済面での変化が、実は日本の株価動向に大きな影響を与えていくことになる。宮崎氏は日本のファンダメンタルズが不変であったことを強調されているが、宮崎氏にあって見逃されているのはこうした実体経済面での変化である。では次に、実体経済の変化が円安をもたらすまでの過程について論じよう。

2．日本での「トリプル安」（円安、債券安、株安）はいかにして発生したか

(1) 円安の発生

内需の拡大と海外生産の進展という実体経済面での変化によって、まず生じたものは円安現象である。円安は、何もマルクに対してだけ起こったものではなく、他の国の通貨に対しても見られた一般的傾向であった。この円安は、直

図3－9 日本の輸出入

(単位：億ドル)

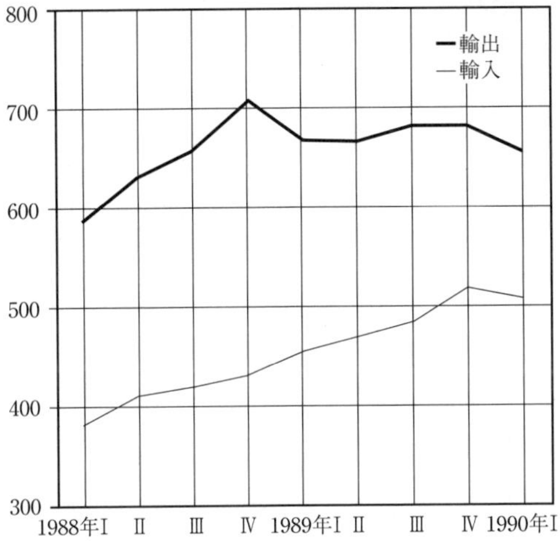

(注) ローマ数字は各四半期を表している。
(出所) 日本銀行国際局『国際収支統計月報』294号、1991年、9ページより作成。

接投資による海外生産拠点の設置（これは、円売りを伴う）や内需拡大による輸出の鈍化に基づくものである（**図3－9**参照）。

宮崎説によれば、円安傾向を根本的に規定したのは実体経済の動きとは関わりのない証券投資の動きであるとされているが、しかし、実際はそうではない。それは、円安傾向が顕著になる1989年の証券投資の動向を見れば明らかである。この期間の証券投資の収支尻（外国からの対内証券投資－日本の対外証券投資）から分かるように、証券投資は円安要因どころかまったく逆に円高要因となっているからである。すなわち、1989年の証券投資の収支尻は、前年の666億ド

(33) 「シーマ現象」とまで言われた日産の高級車シーマ1台の利益は、大衆車パルサーの10台分に相当するという（日本経済新聞、1989年9月16日付け）。新商品の開発と産業循環については、大友伸「電子技術を基礎とする日本企業の商品開発とバブル経済」東北大学〈経済学〉第56巻第2号、1994年、を参照されたい。

(34) この時期の好況が、個人消費ではなく、企業の設備投資によるものであるとする研究としては、他に、渡辺幸男「日本経済の構造変化」（飯田裕康編『現代金融危機の構造』慶應義塾大学出版会、2000年所収）などがある。なお、景気拡大における株の「資産効果」は大きくなかったと考える。なお、こうした立場をとる研究としては、日本銀行「昭和62年度の金融および経済の動向――構造調整の進展と持続的成長への展望――」日本銀行〈調査月報〉1988年5月号、18～19ページなどがある。

(35) 日本銀行調査統計局「平成2年度の金融および経済の動向――金利の上昇とその効果波及――」〈日本銀行月報〉1991年6月号、27ページ。地価上昇の背景と影響については、日本銀行調査統計局「わが国における近年の地価上昇の背景と影響について」日本銀行〈調査月報〉1990年4月号、を参照。

ルから280億ドルへと赤字幅が大きく減少し、円高要因となっているのである。よって、証券投資の動向が、1989年初め以降生じた円安現象を説明できないのは明らかである。

他方、例えばこれに対して1989年の貿易収支はどうであったかというと、その黒字幅は前年の950億ドルから769億ドルに減少して円安要因となっている[36]。したがって、円安傾向を規定したのは証券投資の動向ではなく、貿易収支であると断ずべきである。貿易収支が円安傾向を規定したことについては**図３－10**を見ていただきたい。この図は、日本の貿易収支の推移と円レートの動きを四半期ベースで比較したものであるが、両者は1989年初め以降、実に一致した動きを示していることが分かる。円安傾向を規定したものは、まさに貿易収支の動向などに他ならない。

図３－10　日本の貿易黒字と円の対ドルレート

（単位：億ドル）

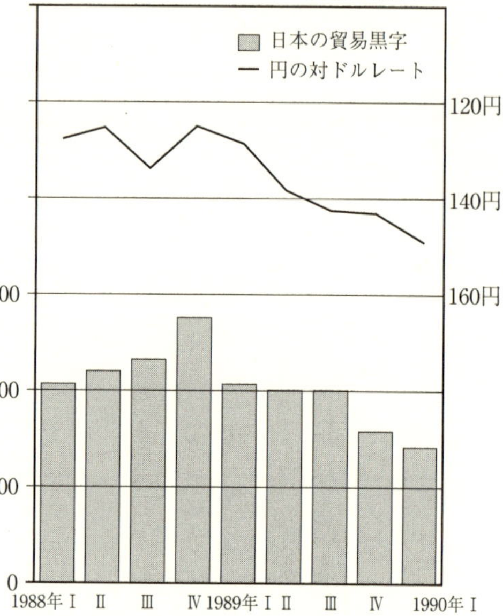

（注）貿易黒字は左の目盛りで、為替レートは右の目盛り。なお、為替レートは東京市場のインターバンク相場における直物の終値月中平均を四半期ごとに平均化したもの。また、ローマ数字は各四半期を表している。

（出所）日本銀行国際局『国際収支統計月報』294号、1991年、9ページ、および日本銀行『経済統計月報』各号より作成。

宮崎氏は円安が「ベルリンの壁」の崩壊を契機として初めて起こった現象であるとされているが、しかしそうではない。円安傾向が「ベルリンの壁」崩壊以前の1989年初めからすでに生じていることからも分かる通り、円安は日本の実体経済が次第に変化していくことによって、それに応じて徐々に先鋭化してきた現象なのである。

図3—11 米の貿易赤字

(単位：10億ドル)

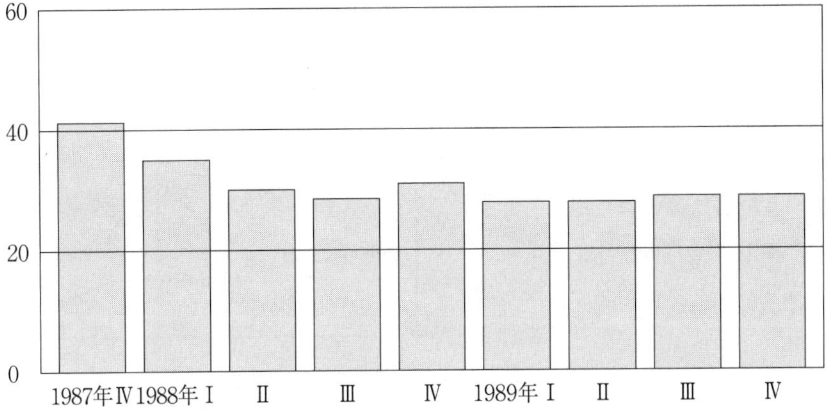

(注) ローマ数字は各四半期を表している。
(出所) 日本銀行『経済統計月報』525号、1990年、211ページより作成。

(2) 金利の上昇と債券安

さて、日本の実体経済の変化によって生じたこの円安は、日本での超低金利政策を終焉させていくことになる。まず、円安が日本の低金利政策を終焉させた根拠について論じよう。一言で言えば、それは円安がアメリカの貿易赤字の削減を脅かし始めたために、アメリカの貿易赤字の削減の促進策として円高・ドル安の実現に向けた金利操作（日本での金利引き上げ）が日米の両政府において余儀なくされたからである。1988年の後半以降にアメリカの貿易赤字の是正が進まなくなっていたが（**図3－11**参照)、そうした中で1989年初めに円安傾向は生じた（日本の貿易黒字は全体としてはかなり減少したが、ことアメリカに対してはあまり減少していなかった[37])。

1987年10月のブラックマンデー以降、ドル安によって国内の株式市場から資

(36) 日本銀行国際局〈国際収支統計月報〉294号、1991年、7ページおよび59、65ページを参照。なお、1980年代後半の日本経済全体の「短期借り・長期貸し」の構造については、中尾茂夫『ジャパンマネーの内幕』岩波書店、1991年、と同『世界マネーフロー』同文舘、1988年、を参照されたい。

金が流出して金融パニックが生じることを恐れ、ドル安に慎重な姿勢をとり続けてきたアメリカ政府ではあったが[38]、好調であった景気が減速してきている関係上（**図3－12**参照）、自国の産業を守るという経済政策上の見地から、自国の輸出を増やしたり、また輸入を減らすことで外国商品による国内市場の侵食を抑えたりすることが急務になっていた。だから、アメリカの貿易赤字を拡大する効果をもちうる円安を放置することはできなかったのである。そこで、アメリカの貿易赤字削減策の一環として、為替レートを円高・ドル安に誘導するための日本での金利の引き上げが行われることになったのである[39]。

図３－12　米の実質GNP伸び率

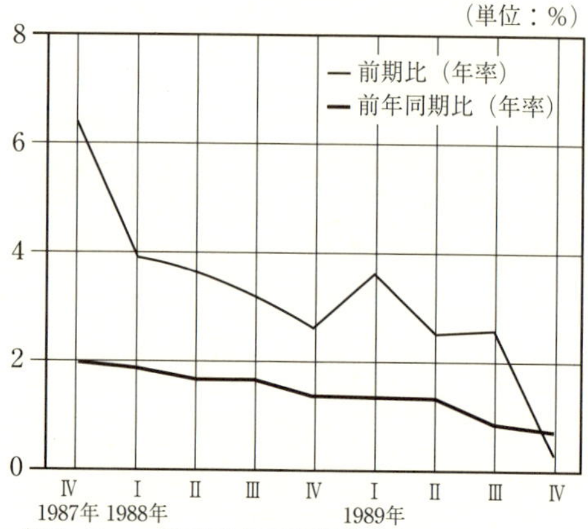

（注）ローマ数字は各四半期を表している。
（出所）日本銀行『経済統計月報』各号より作成。

この点に関して注意しなければならないことは、1988年の時とは金融政策における姿勢が決定的に変化したことである。確かに、日本銀行の金融引き締め的な姿勢は、1988年においても時として見受けられるものではあった。例えば、1988年中に日本銀行は、それまで低めに押さえ込んできたコールレートなどを底上げする姿勢を示している。しかし、こういった日本銀行の1988年中の姿勢は、超低金利政策そのものの枠組みの変更を意味するものではなく、あくまでも低金利政策という枠内での微調整にとどまるものであった。日本銀行の金融政策を根本から変え、日本での金利の上昇を決定づけたものこそ、実体経済の変化に根源をもつ円安傾向にほかならない。

以上が、円安が日本の超低金利政策を終焉させた根拠であるが、次に、この現象が成立する上での条件についても少し触れておこう。すなわち、政府の為替政策に際し、何故アメリカの金利引き下げではなく、日本の金利引き上げという形をとらねばならなかったのかという問題である。もし、為替レートを金利操作によって円高にもっていくのであれば、日本の金利引き上げという形をとらなくてもアメリカの金利引き下げという形をとっても可能なので、まさに日本の金利引き上げでなければならないという条件の成立も見なければ現実分析としては不充分だからだ。

この条件は、アメリカと日本の双方において形成されていた。まず、アメリカに関してであるが、アメリカの通貨当局にしてみれば、景気対策のために自国の金利を下げたいところではあった。しかし、インフレ懸念があるため、金融政策上、金利を下げることはあまりできなかったのである。次に、日本に関してであるが、ここでもやはり実体経済の状況が日本の金利引き上げの条件をつくり出した。1985年のプラザ合意以降、日本の政府・日本銀行は低金利を政策的に維持してきた。それは円高による輸出企業の打撃を金利引き下げによる内需拡大で補いたかったからであり、また金利引き下げを通して内需拡大による輸入の増加や対外証券投資の増加を促進することで、輸出産業にとって不利なこれ以上の円高を防ぎたかったからであった。

しかし、まず第一に、1986年の時とは異なり、内需主導で経済が好調となっているので、景気対策のために超低金利を続けるという必要はなくなっていたのであって、むしろ金利をある程度引き上げて円高を実現し、対外不均衡の是正を進めた方が国際関係上有益であるということ、また第二に、国内の好景気で製品需給に逼迫感が生じているので、金利を引き上げて信用と為替の両面からある程度引き締めを図った方が国内の好景気が長続きしうるということ、こ

---

(37) 日本の貿易黒字全体（ドル建て）は1988年から1989年にかけて19％減少しているが、アメリカに対してのそれは５％しか減少していない。日本銀行国際局〈国際収支統計月報〉を参照。アメリカ産業の国際競争力低下については、金田重喜「アメリカ資本主義の栄光と没落」金田重喜編著『アメリカ資本主義の栄光と没落・リストラの模索』創風社、1993年、55ページを参照されたい。

(38) 日本経済新聞（1987年10月21日）。

(39) 1989年４月のＧ７（先進７ヵ国蔵相中央銀行総裁会議）では、アメリカの貿易赤字や日本の貿易黒字といった貿易不均衡の是正が足踏みしていることへの危機感を反映して、「対外不均衡の是正を阻害するような相場変動（ドル高…佐藤）は好ましくない」という意見で一致している（日本経済新聞、1989年４月３日）。また、同年９月にも「最近数ヵ月におけるドルの上昇は基礎的諸条件に合致しない」（日本経済新聞、1989年９月25日）ということが確認されている。

ういった経済政策的判断が形成されていたのである[40]。

以上が、円安が日本の低金利政策を終焉させた際の条件であった。

こうして、日本の公定歩合を引き上げるという形で円高・ドル安へ向けた取り組みが1989年5月になされていったわけである。しかし、それにもかかわらず円安の流れはまったく止まらなかった（円のレートに関しては**図3－10**参照）。海外生産拠点の設置や輸出の鈍化に基づいた貿易黒字の大幅縮小という日本の実体経済の変化が、円安の流れを根本的に規定したからである。そこで、円高・ドル安実現のための一層の公定歩合の引き上げが同年10月と12月にも余儀なくされることになった。同様にまた、金融市場の動向としても、「円安が進めば、近い将来に円安阻止のために公定歩合が引き上げられるに違いない」という考えが市場参加者の間に生じていたために、金利先高観が広がり、債券が売られ、市場金利が上昇していった[41]（**図3－2**参照）。要するに、実体経済の変化に基づく円安の流れが、政府・日本銀行に対しても市場参加者に対しても、金利上昇を強制したのである。

かくして、プラザ合意以降日本の政府・日本銀行がとってきた超低金利政策が完全に終焉するに至った。日本銀行の超低金利政策は、市場利子率を極めて低い水準に釘付けする上で非常に大きな役割を演じてきた要因であった。1988年以降、企業の設備投資活動が活発になり、貸し付け可能な貨幣資本に対する需要は大きく増大したが、こうした事柄は利子率の上昇には結び付きにくかった。低金利が長期にわたって続いていくということが日本銀行によって保証されていたことによって株式市場に広く一般の資金が流入したため、企業での資金需要は株式の発行によって満たされ、銀行借り入れによってはあまり行われなかったからである。

1990年第1四半期における日本の株価暴落を引き起こしたのは、西ドイツ証券市場への資金流出ではなく、まさにこうした実体経済の変化を根源とする金利の上昇にほかならない。

低金利政策こそは、1986年以降の日本の株価上昇を支えてきた要因であった。それは、主に以下の三点から言える。一つは、超低金利政策は他の金融資産の利子収入を低くすることによって株式の金融資産としての魅力を高め、広く民間の資金を株式市場に流入させた点である。二つは、ファンドトラストの「バックファイナンス」[42]に見られるように、超低金利政策は借り入れ金利を低くすることによって資金借り入れによる株式投資を可能にした点である。三つめは、超低金利政策は、上述の２点から株価を上昇させることによって企業の株式の持ち合いや生命保険会社の政策投資の範囲を広げ、株式の取得を活発にした点である。

日本の株式は配当の利回りがあまりに低すぎるので、従来、株式の持ち合いや政策投資といった長期保有目的の株式投資は、取引関係の維持、拡大や団体年金の契約の獲得という面でかなりのメリットがある場合に限られていたが、超低金利政策によって広く資金が株式市場に流入して株価が上昇するようになると、長期保有の株式はそれを取得した企業に含み益をもたらすことになった。含み益は不良債権の償却や長期保険契約者に対する特別配当の原資になるので、企業や生命保険会社は取引関係や団体年金の面で少々メリットが乏しくても株式の取得にかなり応じるようになった。1980年代後半の株式の持ち合いや政策投資の拡大は、超低金利政策に誘発された面がかなり大きいのである。ところが、実体経済の変化に基づく円安の流れが、株価上昇を支えてきたこうした低金利政策を消滅させたのであった。これによって、金利上昇による保有債券の評価損の発生を恐れた金融機関などが債券売りに回り、債券安が発生していった。

(3) 株価暴落 ～何故1990年第１四半期でなければならなかったのか、またどこへ資金は流出したのか～

では、金利の上昇は具体的にどのようにして株価暴落につながっていったの

---

(40) 日本銀行は〈調査月報〉において、1989年中３回の公定歩合の引き上げの理由として、円安阻止のほかにインフレの未然防止によって景気の順調な拡大を持続させることを挙げている（日本銀行〈調査月報〉1989年５月号、10月号、12月号の「公定歩合の引上げについて」を参照）。

(41) 日本経済新聞（1989年10月12日）。

(42) バックファイナンスとは、信託銀行が企業にファンドトラストによる株式投資のための資金を用意、貸し付けて、企業に利鞘を稼がせる方式のことをいう。

だろうか。この点に関わって二つのことが問題となる。

一つは、何故株価暴落がほかならぬ1990年第1四半期に起こっているのかという問題である。日本の公定歩合の引き上げは1989年の5月、10月、12月の3回にわたって行われており、この点だけから見る限り、株価の暴落は1989年の第4四半期に起こっても不思議ではないように思われるが、実際にはその時期には株価は上昇しており、株価の下落は1990年の第1四半期になって初めて起こっている（**図3－1**参照）。1989年当時、公定歩合が連続的に引き上げられているにもかかわらず、1989年中には株式価格が低下するどころか逆に上昇を続けたので、日本の株式市場はマスコミなどで驚異の目をもって報道されたのであった。これは一体何故であろうか。

1990年の第1四半期に発生した株式価格の暴落を金利の上昇から説く論者は比較的多く見られるが、しかしどの論者もこの問題にはまったく答えていない。金利の上昇が株式価格の暴落の原因であると主張しておきながら、公定歩合の連続的引き上げの中にあっても1989年中に株式価格が下落しなかったという事実を解明していないのは、研究としては極めて不充分であり、首尾一貫性に欠けると言わなければならない。このように、株価暴落の時期に関わって、その必然性の問題が明らかにされねばならないのである。

もう一つは、株価暴落の際に各投資家の資金がどのように動いたのかという問題である。まず、前者の問題から論じよう。

何故、株価暴落が1989年の第4四半期にではなく、1990年第1四半期に起こっているのかというと、それは1990年第1四半期において初めて、金利の上昇が長期的に続いていくという見通しが極めて確たるものになったからである。日本の公定歩合が相次いで引き上げられる1989年の第4四半期においては、まだ一部に金利の先行きに不透明感が残っていた。というのも、1989年の第4四半期という時期は、アメリカの景気減速がこれまで以上に進み、深刻度を増した時期であって（**図3－12**参照）、そのため、「いずれは景気刺激策としてアメリカで金利が引き下げられざるをえなくなり、アメリカの金利低下が日本にも波及して日本でも金利が低下するかもしれない」という淡い期待が市場にあったからである[43]。こういう期待があったがゆえに、1990年3月の決算期を控え、

図3－13 日本の長短金利の推移

（単位：%）

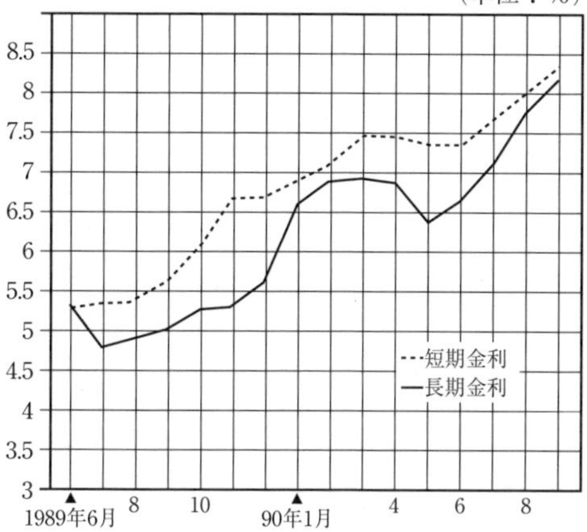

（注）短期金利は期間が「60日～90日未満」のCDレートであり、長期金利は10年物の国債利回りである。
（出所）日本銀行『経済統計月報』各号より作成。

株式売買でまだ目標の利益を上げられずにいる機関投資家が何とか利益を上げようと活発に株を買い、その結果として株価が上がっていたのである[44]。つまり、1989年第4四半期においては、株価に対する金利上昇の破壊的作用がアメリカとの関連において潜在化させられていたのである。

ところが、1990年第1四半期に入ると事態は一変する。原油高を反映してアメリカの金利は低下しなかったし、アメリカ連邦準備制度理事会（FRB）も大胆な金融緩和姿勢には出なかったのである。これによって、アメリカから金利低下の波が日本に押し寄せてくるだろうという期待は市場から消滅し、金利の長期的な上昇が続いていくという観測が一気に市場において支配的となった。日本銀行の金利水準を低めに押さえ込むという政策が再登場する見込みがなくなった以上、それまでそれによって潜在化させられていた企業の資金需要の高まりによる金利の上昇が顕在化してくるであろうことは誰の目にも明らかだったからである。

この点に関しては、**図3－13**を参照していただきたい。これは、日本の短期金利と長期金利の推移を示したものである。1989年第4四半期においては、まだ将来的には金利の低下が起こるのではないかという期待があったから短期金

(43) 日本経済新聞（1990年2月27日）。
(44) 日本経済新聞（1989年12月20日）。何故、公定歩合の引き上げと株価暴落に時期的なずれが生じたのかについては、言及されない場合が多い。例えば、野口悠紀雄『バブルの経済学』日本経済新聞社、1992年、166ページ、や鈴木和重「90年初来の株価急落の背景と今後の展望」証券投資信託協会〈証券投資信託月報〉第360号、1990年、参照。

利が上がっていただけであったが、1990年１月になると、金利先高観が支配的となったことを反映して長期金利が急上昇していることが分かる。金利上昇による保有債券の評価損の発生を恐れて金融機関などが債券売りに回ったので[45]、実に、日本の長期金利は1990年第１四半期に急上昇を示し、1989年12月の5.7％から一挙に７％近くにまで達したのである。金利がこれほど上昇すれば、株価はこれに無関係ではいられなくなる。こうして、1989年第４四半期に潜在的なものにとどまっていた株価に対する金利上昇の破壊的作用が、1990年第１四半期において顕在化していくことになったのである。

次に、後者の問題について、つまり株価暴落の際に各投資家の資金は一体どのように動いたのかということについて論じよう。

金利の上昇によって最も影響を受けたのは、持ち合い関連ではなく、キャピタルゲイン目的で取得された部分である[46]。時価発行増資によって株式の供給量が増えていたので、金利が上昇したことに対して、従来のような株価操作ではキャピタルゲイン目的の投機資金を株式市場にとどまらせることは困難となっていたのである。

株価操作が効力を充分に発揮できなくなっていた中での金利の上昇は、他の金融資産からの金利収入を増加させ、株式投資の魅力を薄くするので、株から他の金融資産への資金のシフトを必然的に発生させる。すなわち、他の金融資産に投資した方が有利だから株式市場から自分の資金を引き揚げるという動きや、あるいは将来他の人の資金が株式市場に入って来なくなるだろうから、株価が大きく下がる前に自分の株を売っておくという動きにつながるのである。

日本の株式の場合は、1960年代からの株式の持ち合いや1980年代後半からの投機によって、株式価格がその法則的な水準から大きく乖離させられ、配当利回りが１％以下と大変低く[47]、株の値上がり益以外に期待できるものはないから、株式の売却に一層拍車がかかった。1990年第１四半期において、「外国人」と「金融機関」が巨額の売り越しを演じたのにはこうした背景があったのである。

では、これらの投資家の資金は株式市場を離れて一体どこに回ったのかというと、「金融機関」の場合は、短期金融市場や貸し出しに資金を回したように

表3―3 民間金融機関の資産運用に占めている貸出金などのシェア

（単位：％）

	1989年Ⅰ	1989年Ⅱ	1989年Ⅲ	1989年Ⅳ	1990年Ⅰ
株　式	15.3	39.1	13.9	18.3	11
貸出金	41.3	38.4	50.3	57.5	82
コール	18.9	1.2	8	−3.9	21

（注）資産合計額に占める各運用形態のシェア。なお、株式、貸出金、コールの合計が100％を超える場合があるのは、この表で取り上げていない運用形態の中にマイナスになっているものがあるから。ローマ数字は各四半期を表している。

（出所）日本銀行『経済統計月報』の「資金循環勘定」より作成。

思われる。この点に関しては、**表3－3**を参照していただきたい。この表から、1990年第1四半期において金融機関は貸出金や短期金融市場での資金運用を増やしていることが分かる。何故、短期金融市場での運用が増えたのかというと、その理由は以下の通りである。

「金融機関」の株式売り越し額の大部分は恐らく特定金銭信託関連であったと思われるが、特定金銭信託の運用利回りは当時年率5％～8％だと言われていた(48)。しかしこの時、短期金融市場では7％に近い利子が得られるようになったからである。なお、貸出金や短期金融市場ばかりでなく、海外の証券へも資金が流れたということも考えられうるが、しかしこの時の日本の対外証券投資が直前の四半期に比べて激減している（6分の1）ことを見ると、海外証券への流出額はそれほど大きくないように思われる。

他方、外国人投資家の場合は、日本そのものから資金を引き揚げる動きに出

(45) 公社債引受協会〈公社債統計月報〉第412号、1990年、公社債統計48ページ参照。

(46) 株式の持ち合いや政策投資で取得された株式に動揺が広がるのは、1991年以降である。

(47) 東京証券取引所（第一部）における平均利回りは、1990年第1四半期で約0.4％である（〈東証統計月報〉第410号、1991年、参照）。

(48) 日本経済新聞（1989年11月2日）。なお、特定金銭信託とファンドトラストの内容については、小島信一「特定金銭信託の現状等について」東京証券取引所〈証券〉第39巻第465号、1987年、および鈴木淑夫『わが国の金融制度』日本銀行金融研究所、1986年、127ページを参照されたい。

た部分もあるが、中には日本の債券購入にも回っている動きも見られる。日本の「金融機関」が長期債の購入を敬遠している反面、外国人投資家がこれを一部埋める動きをしているように思われるのである。その投資額は、外国人投資家による日本の株式売り越し額の半分に相当している。

以上、1990年第１四半期における日本の株価暴落の原因について見てきた。内需拡大と海外生産とによって輸出を伸ばさない様式で生産が拡大したこと、こうした実体経済の変化が円安を発生させたため、それまで実体経済から生じる金利の上昇圧力を抑え込んでいた日本銀行の低金利政策が終焉せざるをえなくなり、その結果、金利の上昇（＝債券安）が発生して株価暴落が必然となったのである。

整理しよう。本章は、1990年第１四半期における日本の株価暴落と西ドイツの株高・債券高との関連について検討してきた。宮崎説にあっては、西ドイツ証券への日本からの資金流出が日本の株価暴落の原因とされているが、しかしこの時の日本などからの西ドイツへの証券投資は減少しているので、仮に一歩譲って日本とアメリカ両国の対西ドイツ証券投資のための資金のすべてが日本の株式市場での売りによって調達されたものだとしても、日本の株価暴落時の外国人投資家と金融機関の売り越し額には遥かに遠く及ばない。したがって、西ドイツの債券と株への資金の流出は、日本の株価暴落の原因とはなり得ないのであって、西ドイツの株高・債券高と日本の株価暴落との間に密接な関連はないように思われる。むしろ、日本の株価暴落の原因は、日本の実体経済の変化に求められるべきである。内需拡大と海外生産とによって輸出を伸ばさない様式で生産が拡大したこと、こうした実体経済の変化が円安を発生させたため、それまで実体経済から生じる金利の上昇圧力を抑え込んでいた日本銀行の超低金利政策が終焉せざるを得なくなり、その結果、金利の上昇（＝債券安）が発生して株価暴落が必然となったのである。

第4章

1991～1992年における日本とドイツの実体経済と株式価格

第1節
問題の所在

1991～1992年においては、日本とドイツの株式価格は共に低下を見る。

日本の場合、1990年において金利の上昇を契機に株価が下落したが、1991年以降においては金利が引き下げられたにもかかわらず株価は一層の下落を遂げた。こうした特徴は、1987年におけるブラックマンデーの時の株価動向と見比べてみると一層明瞭となる。金利水準は1987年と1991年とではほぼ同じ水準であるにもかかわらず、1987年の際は、ブラックマンデーの株価下落以降急激な上昇を示しているのに対して、1991年の場合は逆に大きく下落を続けている。こうした事実は、1991年以降、株式価格をとりまく環境がそれ以前とは大きく変化したことを示すものである。

他方、ドイツの場合は、ドイツ統一ブームに支えられて上昇してきた株式価格が一転して調整過程に入ってく。

本章では、こうした両国の株価動向について論じようと思う。

第2節
1991年以後の日本の実体経済と株式価格

1．1991～1992年における日本の株価下落局面の特徴 ～「『金利と株価の大原則』が姿を現さなかった」という説は本当か～

1991年10月10日付けの日本経済新聞は、金利の引き下げにも関わらず、日本の株式価格が上昇しなかったこと、それどころか逆に下落しているという事態を受けて、「『金利低下が株高につながる大原則が素直に出てこない』…（中略）…バブル崩壊、証券・金融不祥事は株価と金利という基本的な関係にまで影を落としている」という記事を掲載している。

株価下落が単なる金融・証券不祥事の問題によるものではないことはさておくとしても、確かに表面的には金利が引き下げられたにもかかわらず、この時

図４－１　1991～1992年における日本の単純株価平均と公定歩合

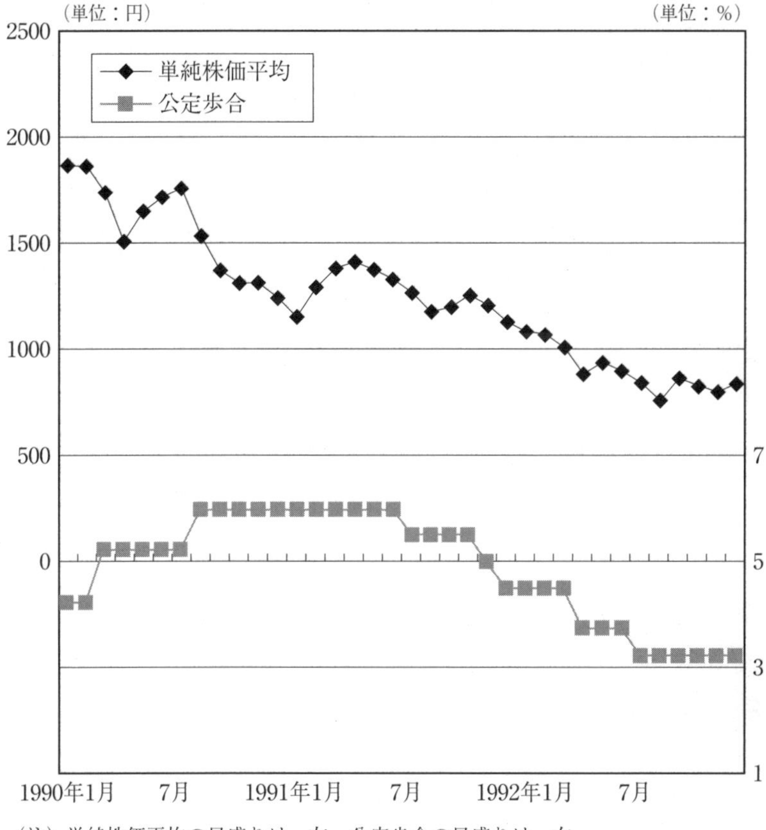

（注）単純株価平均の目盛りは、左。公定歩合の目盛りは、右。
（出所）東京証券取引所『東証統計年報』、日本銀行調査統計局『経済統計年報』1993年版より作成。

期において株式価格は上昇していない（**図４－１**参照）。日本経済新聞の記事が論じているように、「株価は一般に金利が低下すれば上昇し、金利が上昇すれば下落する逆相関関係にある」ことからすれば、こうした現象は株式価格の大原則、すなわち法則に反する現象であるかのようにも一見思える。だが、果たして本当に「金利と株価の大原則」は姿を現さなかったであろうか。そうではない。まったく逆に、こうした現象自体、この大原則すなわち法則が姿を現しつつあったものと見るべきである。それは次のような理由による。

これまで日本の株式価格がその法則的水準から大きく乖離し、上昇を続けてきたのは、投機と株価操作という二つの要因によるものであった。1990年の時は、そのうちの一つである投機という要因が反転しただけであったが、1991年以降は、それに加えて残るもう一つの要因である株価操作自体も動揺を迎えた。これまで、現実の株価をその法則的な株価水準から遥かに上方へ乖離させてきた残る最後の要因である株価操作自体が動揺したことによって、現実の株価がその法則的な株価水準へ向けてさらなる下落を続けたのであった。たとえ、利子率が多少引き下げられたとしても、その低下の幅が現実の株価水準とその法則的な水準（配当と利子率によって決まる水準）の乖離幅を埋めるほどのものではなかったので、現実の株価がその法則的水準へ向けて下落する流れを止めることはできなかったのである。事実、配当利回りと長期金利との差は、1991年に約５％であったものが４％へ縮小しただけで、両者の間には依然大きな開きがあった。

したがって、この1991～1992年における日本の株価の下落過程は、「金利と株価の大原則」に反する過程でなく、むしろ逆にこの株価の法則が姿を現したものと見るべきである（詳しくは、第１章20ページ参照）。もし仮に、これまで現実の株価水準をその法則的水準から乖離させてきた株価操作が動揺しつつあるにもかかわらず、日本経済新聞の主張するように金利の引き下げによって現実の株価が上昇したとするならば、その場合こそ、逆に金利と株価の基本的な関係が崩れているというべきであろう。

２．1991～1992年における日本の株価下落局面の特徴の成立背景

株価の法則が姿を現してきたという点では、1991～1992年の株価下落局面は1990年の株価下落局面と何ら変わりはないが、上述したように、1991～1992年の株価下落局面は1990年の時の株価下落とは異なる特徴をもっている。すなわち、1991～1992年の株価下落局面が1990年の下落局面と大きく異なるのは、持ち合いや政策投資といった株価操作の主役たち、すなわち企業や金融機関まで

もがその資金的な余裕を剥奪されたこと、言い換えれば、株価の法則的な水準から現実の株式価格を乖離させてきた企業や金融機関の株価操作自体が動揺してきたということである。

金利水準としては1987年と1991年とではほぼ同じ水準であるにもかかわらず、1987年の際は、株式価格が急激な上昇を示しているのに対して1991年の場合は逆に大きく下落を続けているのは、まさにこうした点に原因がある。

では、何故株価操作自体が大きく動揺してきたのであろうか。

投機の反転による反動という要因もあるが、一層根本的な原因は、1991年を機に発生した不況の中にある。不況の表面化が、株価操作の担い手である企業や金融機関の株価操作の資金的な余裕を奪ったのである。そこでまず、この不況について述べ、次に株価操作の動揺について論じることにしよう。

(1) 「平成不況」の歴史的性格

この不況に関しては、次の二つの事柄が注目されなければならない。一つは、「平成不況」といわれるこの不況の歴史的性格についてである。もう一つは、この不況の発生様式についてである。まず、前者から論じよう。

1988年以降顕著になる景気の拡大、いわゆる「バブル景気」は、当時の日本経済の実情からすれば、本来、無理のある現象であった。何故なら、日本経済は狭隘な国内市場という条件の中で高度経済成長の終焉を境に輸出に多くを依存するようになっていたから、その日本経済の主翼を担う輸出を制限する1985年のプラザ合意は、日本経済の従来のような拡大路線に変更を迫るものだったからである。それにも関わらず、すでに第2章や第3章で論じたように、景気反転の特殊な様式の中で発生した余力を背景に、狭隘な国内需要の無理な掘り起こしを目的とした多品種少量生産や新商品の開発といった設備投資を強行に推し進めた。したがって、設備投資の独り歩きによって1986年の「円高不況」が一過的なものとされたとしても、それは経済不振の長期的な顕在化が無理に、しかもより矛盾を増した形で先延しされたことを意味するにすぎない。

実際、いわゆる「バブル景気」は「戦後最大級の好景気」と言われるが、実態は時間的に長続きしたというだけで、GNPの伸びとしては高度経済成長期のそれには遠く及ばないものであるし、また高度経済成長期以上に過度に設備投資に依存した歪んだ景気拡大局面であった[1]。

この、先送りされ、より矛盾を増した形での過剰生産の表面化が1991年を機に発生していくことになる。

(2) 景気の自律的な反転と資金的余裕の喪失

「平成不況」に関してもう一つ注目しなければならないことは、その景気の反転の仕方が、1986年の時とは異なり自律的なものであったということである。これは、過剰生産の矛盾がよりストレートに顕在化することを意味する。したがって、ただでさえ1986年以降から蓄積され、増幅されてきた過剰生産の矛盾が、この自律的な反転様式の中でよりストレートに顕在化することを意味しているのである。

一般に、景気がそれ自身のうちから自然に、すなわち自律的に繁栄期から不況へと反転すると、その過剰生産の矛盾はストレートに顕在化する。それは、おおよそ次のような理由による。

景気循環の繁栄期においては、設備投資が活発化する。本来、この設備投資は最終消費から独立して展開されることはできない性格のものではあるが、繁栄期においては「投資が投資を呼ぶ」という形で消費の制限を超えて独り歩きをするようになる。設備投資は、その建設期間においては供給なき需要を形成するからである。また、設備投資は、それが完成するまでは、商品を市場から一方的に引き揚げていくという商品の需要要因そのものだから、市場での商品価格は低下するどころか逆に上昇する。したがって、過剰生産設備が形成されつつあるということは資本家の眼には映らず、逆に商品がよく売れ、その価格が上昇している以上、再生産過程は円滑に拡大しているように見え、より一層の設備投資が何の疑いもなく強行されることになる。

したがって、設備投資によって建設に着手された生産設備が次第に完成していくにつれて過剰生産が表面化し、景気がそれ自身のうちから自然に、すなわち自律的に不況へと反転していくと資本家の不況への対応に遅れが出ることになる。すなわち、生産や設備投資の精力的な拡大が続けられている中で、突如として販売の停滞が生じ、商品の在庫が売れ残りとして大量に積み上がる。この結果、当然のことながら、企業では資金繰りが悪化することになるのである。

「日本銀行月報」は、この時期の過剰な設備投資の原因について、「長期にわたる景気拡大の結果、企業・家計両部門に高成長が今後も続くという強い期待、いわば『高成長イリュージョン』が生じ、それが結果的に設備投資等の行き過ぎにつながった」として、企業家の心理の問題という形で論じているが[(2)]、それだけではなく、設備投資というものの独自な性格による価格メカニズムの歪みの問題もあるのである。

さて、1991～1992年においては、こうした形で景気が自律的に反転したのである[(3)]。資料を通じて、この点を、1986年の景気反転時との比較の中で裏付けておこう。

図4－2、**図4－3**、**表4－1**、**表4－2**を参照していただきたい。**図4－2**は、1986年と1991～1992年の両時点の鉱工業の生産指数と在庫率指数を示したものであり、**図4－3**は製造業の人件費の動向を、**表4－1**は製造業設備投資の伸びとその目的別構成比を、**表4－2**は売上高の伸び率、売上高営業利益率の推移をそれぞれ示したものである。これらによって両時点の生産と在庫、利益、そして設備投資の状況を見てみよう。

まず、プラザ合意を契機とした円高という明瞭な外的指標によって景気の悪化が生じた1986年の事例から見ていこう。この時は、プラザ合意を契機に円高

---

(1)「平成不況」の歴史的性格について触れたものとしては、今宮謙二『金融不安定構造』新日本出版社、1995年、山口義行『金融ビッグバンの幻想と現実』時事通信社、1997年、などがある。

(2) 日本銀行「平成4年度の金融および経済の動向――景気調整メカニズムと回復への展望――」〈日本銀行月報〉1993年6月号、42ページ。

(3) この日本の景気の反転をめぐっては、金融が景気の後退を主導したと見るのか、あるいはそうではなく、金融はあくまでも景気の反転を促進したにすぎず、景気反転の根本原因をなすものではないと見るのか、大きく二つの潮流があるように思われるが、私は後者の立場をとるものである。こうした後者の立場に立つものとしては、他に、吉田和男『平成不況10年史』PHP新書、1998年、などがある。また、不況が長期化したことの原因についても様々な研究があり、景気回復における個人消費の重要性を論じたものとしては、林直道『恐慌・不況の経済学』新日本出版社、2000年などがある。

図4－2　日本における鉱工業生産指数と在庫率指数の推移

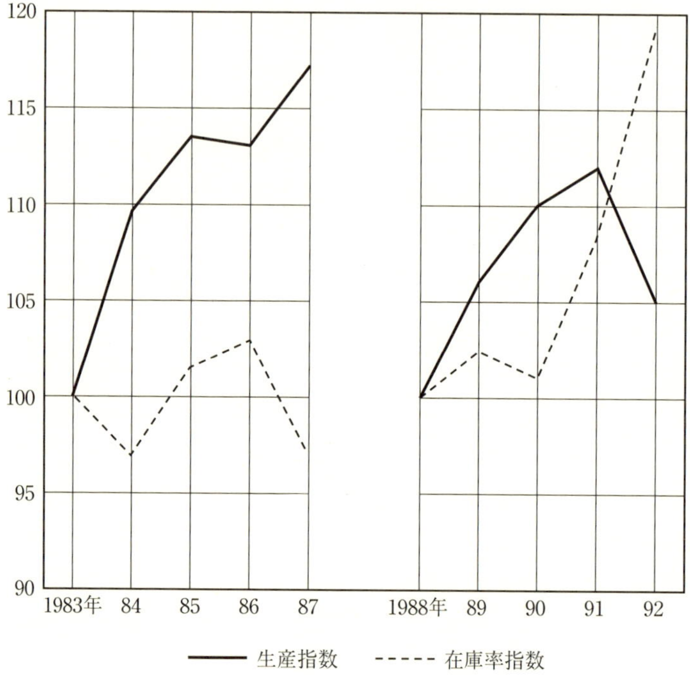

（注）在庫率指数は、鉱工業生産者製品在庫率指数である。生産指数、在庫率指数はともに、それぞれ1983年と1988年の二つの時期を基準（100）として、計算し直した。

（出所）通商産業省『通産統計』および日本銀行調査統計局『経済統計年報』1993年版より作成。

の急激な進展が明瞭にされたので、輸出主導の日本経済に販売悪化の大波が押し寄せてくるであろうことは容易に予想された。したがって、資本家のそれに対する対応も迅速であり、1986年における鉱工業生産は前年までの力強い伸びから一転し、早くも抑制され、販売不振の結果としての在庫の積み上がりが極力抑えられていることが**図4－2**から分かる。人件費についても、**図4－3**に示されてある通り、迅速な対応がとられ、生産の抑制に伴い、従業員数や一人当たりの名目賃金の両面から人件費の削減が行われている。人件費が前年比で即座に減少に転じたのは1975年（昭和50年）以降例をみないことであって、い

図４－３　日本の製造業における人件費等の推移（石油精製を除く）

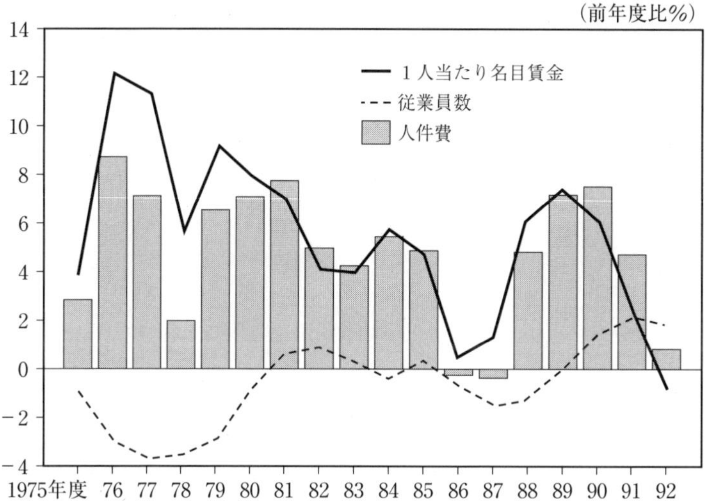

（出所）日本銀行調査統計局「景気後退局面における企業経営動向について」『日本銀行月報』1993年11月号、34ページ。なお、元号表記は西暦年号に変えた。

表４—１　日本における製造業設備投資の伸び率と構成比

（単位：%）

		1984	1985	1986	1987	1988	1989	1990	1991	1992
設備投資伸び率（前年度比）		13.4	13.2	▲11.9	▲2.2	28.0	22.1	19.6	3.0	▲17.2
構成比率	増産・拡販	32.6	30.6	25.7	27.6	33.9	37.1	36.5	35.0	31.5
	合理化·省力化	23.9	22.3	23.2	22.6	20.5	19.4	19.7	19.7	18.8
	研究開発	19.7	21.8	25.7	25.6	23.6	21.6	21.7	21.6	21.6
	その他	23.8	25.3	25.4	24.2	22.0	21.9	22.1	23.7	28.1

（注）▲印はマイナスを表す。
（出所）日本銀行調査統計局『主要企業短期経済観測時系列集——昭和48年２月から平成６年５月調査——』より作成。

表４―２　日本の売上高対前年度伸び率と売上高営業利益率の推移　（単位：％）

		1984	1985	1986	1987	1988	1989	1990	1991	1992
製造業	売上高伸び率	7.9	1.9	▲7.3	3.1	9.6	7.8	9.4	2.0	▲3.1
	売上高営業利益率	5.5	4.4	3.1	4.2	5.4	5.6	5.0	3.9	2.8
全産業	売上高伸び率	8.1	3.4	▲10.1	5.6	8.6	16.0	5.0	▲0.1	−3.6
	売上高営業利益率	3.8	3.4	3.2	3.4	3.9	3.8	3.7	3.4	2.8

（注）　▲印はマイナスを表す。
（出所）　日本銀行調査統計局『主要企業経営分析』各年版より作成。

かに資本家の対応が迅速であったかが分かるであろう。

設備投資についても同様の傾向が**表４－１**から看取できるのであって、円高による外需の不振を予期し、それまでの二桁台の伸びから一転して、増産・拡販目的の投資を中心に11.9％の縮小が図られている。これら迅速な円高への対応の結果、1986年度の売上高営業利益率は3.1％になっただけであった（**表４－２**参照）。これは、売上高の伸び率がマイナス7.3％であったにしては極めて良好な数値である。事実、1992年の時と比べて1986年の時は、売上高の伸び率が２倍以上のマイナスであるにもかかわらず、売上高営業利益率は1992年を上回っている。

1986年においては実体経済の動向が以上のような状況だったので、製造業では余剰資金が形成された。設備投資や在庫投資、人件費が円高に対応して迅速に削減され、それらに投下されるはずであった資金が企業内に温存されたからである。では、1991～1992年においてはどうであったろうか。1986年の時とは異なり、資本家の景気悪化への対応に大きな遅れが見られる。この点を資料によって見てみよう。

まず、1991年には景気の悪化が発生しているにもかかわらず、生産の抑制措置はとられず依然として増産が行われており、その結果、販売不能の商品が在庫として急増していることが**図４－２**から見てとれる。雇用も、**図４－３**に示されてある通り、景気が反転しているにもかかわらず従業員数の伸び率は抑えられていない。それどころか、逆に生産と連動する形で伸び率が加速され、その結果、人件費は依然としてプラスの伸びを示している。

設備投資も、**表４－１**によれば、1986年の時に即座に11.9％の削減が行われたのとは対照的に、1991年においては逆に３％増やされている。設備投資の中身を見ても、増産・拡販投資が35％という高いシェアを維持しており、現実に起こっている景気の悪化、販売不振という事態に充分適応していないのが分かる。

次に、翌1992年の状況を見てみよう。1992年においてはようやく景気悪化への対応がとられるようになるが、その対応の不充分さは否定できない。まず、**図４－２**によって、生産指数と在庫率の動向を見ていただきたい。景気の悪化が深刻度を増してきた1992年になってようやく生産の急激な縮小が行われたことが見てとれるが、しかしここで注意しなければならないのは、その一方で在庫率が1991年の時よりも一層激しく上昇していることである。要するに、生産調整は行われたけれども、それが販売の不振にまったく追いついておらず、その結果、販売不能の商品が前年水準をはるかに超えて大量に在庫として積み上がったのである。人件費は、一人当たりの名目賃金が減らされたものの従業員数が依然として増やされているため、増え続けている（**図４－３**参照）。設備投資は、伸び率がマイナスになったとはいえ、その絶対額の水準は依然として高いのである。

こうして、景気の自律的な反転の中で、「平成不況」はその増幅された形での過剰生産の矛盾を本格的に顕在化させていった。こうしたことが企業の資金的な余裕を奪い、以下に述べるように株価操作を大きく動揺させることになる。

(3)　株価操作の動揺

日本では1960年代以降一貫して、企業間での株式の持ち合いや金融機関の政策投資、証券会社の自己売買などを通じて、これらの事業主体が人為的に株価を上昇させるという、いわゆる「株価操作」が日常的に行われてきた。その目的は、企業の場合であれば資本取引の自由化対策や低コストでの資金調達などであり、銀行の場合は貸出先の確保などであり、生命保険会社の場合は契約の確保などであった。株価が上昇するということは、これらの事業主体にとって、本業の上においてだけでなく、資産運用としても大きなメリットを有するもの

表４－３　日本の上場会社

年 Year	件数 No.of Cases	有償 Paid-in	件数 No.of Cases	a 株主割当 Offering to Shareholders	件数 No.of Cases	b 公募 Public Offering	件数 No.of Cases	c 第三者 割当 Private Place- ment	件数 No.of Cases
1985(昭60)	664	5,371,506	32	840,396	75	524,653	16	108,160	476
1986(　61)	666	4,289,791	16	254,994	58	301,897	13	68,158	470
1987(　62)	932	8,332,242	15	470,888	74	655,615	15	303,050	603
1988(　63)	1,136	8,646,949	24	737,705	116	1,189,440	17	121,864	689
1989(平１)	1,430	11,972,058	21	733,387	186	3,450,903	16	72,831	806
1990(　２)	1,320	4,371,193	24	641,825	97	1,213,490	15	215,965	825
1991(　３)	1,032	1,515,260	27	378,166	24	36,450	17	179,476	685
1992(　４)	600	678,372	13	190,170	2	980	18	177,424	449

（注）　東証市場。
（出所）　東京証券取引所『証券統計年報』2000年度版。

だったということはいうまでもない。株価操作によって株価を上昇させ、一般の人たちの株式投資を誘って株価を一層上昇させれば、自らの所有する株式に含み益が生じるからである。

こうした株価操作は1980年代においても続けられていたが、1991年以降、その魔力を急速に失うこととなった。株価操作がその威力を発揮できる条件が失われたからである。

そもそも、こうした事業主体の株価操作がその効力を発揮できた、あるいは発揮するためにはある条件が必要である。それは、株式市場の全体の需給関係がこれらの事業主体の手に収まる、あるいはコントロールできる程度のものだということである。もっとはっきりと言えば、企業などの事業主体が、株式市場全体の需給関係を逼迫させやすい環境をつくり出すことができるという条件である。株式市場での売買において、供給を少なくし、需要を多くすることができるか否かがポイントである。

1960年代後半や1970年代などにおいて株価操作がその威力を発揮したのは、

発行済株式数増減状況

（単位：1,000株）

d 転換社債・優先株式の株式転換 Conversion of CB & Preferred Stocks	件数 No.of Cases	e 新株引受権の権利行使 Warrants and Stock Options Exercised	件数 No.of Cases	f 株式分割 Stock Splits	件数 No.of Cases	g 会社合併 Mergers	件数 No.of Cases	h 資本減少・自己株式消却 Reduction of Capital Stocks	合計 Total
3,468,928	65	429,368	305	4,141,098	13	193,688	1	▲93,852	9,612,441
2,792,114	109	872,627	267	3,763,968	10	650,649	1	▲23,437	8,680,972
4,667,607	225	2,235,081	288	3,166,310	9	595,819	3	▲80,933	12,013,438
4,516,887	290	2,081,051	299	3,793,131	10	122,869	1	▲29,400	12,533,550
5,336,427	401	2,378,508	351	5,731,528	16	263,751	1	▲205,107	17,762,232
1,772,533	359	527,379	296	7,983,189	16	1,637,506	2	▲4,769	13,987,121
575,468	279	345,699	250	3,076,602	23	1,582,813	2	▲11,735	6,162,940
126,671	118	183,125	127	1,398,661	19	365,136	—	—	2,442,171

こうした条件があったからである。自己金融などの進展の中で企業が株式市場への株の供給を減らし、他方において株式の持ち合いなどで市場に出回る株を少なくしたり、あるいは株式市場から株を引き揚げるという形で需要を起こし、株価を上昇させることに成功していたのである。

だが、1991年以降は、事情が違う。

株式市場の供給要因である発行株式数について言えば、それは1980年代後半の株式発行による資金調達によってすでに飛躍的に増加しており、供給過剰の状態にある（**表４－３**参照）。しかも、単に供給が増えたというだけではない。供給された株の質が問題であった。企業が低コストでの資金調達を追求したので、1980年代後半に盛んに行われた株の発行形式は時価発行であり、公募形式である。ということは、額面発行による株主割り当て方式などと異なり株の値上がり益以外に得るものはないから、容易に株式市場に放出される傾向を強くもっている浮遊性の株式なのである。

他方、需要要因はどうであろうか。まず第一に、企業などが株式を購入でき

表4—4　日本の法人企業部門の資金調達・運用

（単位：1,000億円、％）

	1985年	1986年		1987年			1988年			1989年		
			前年比		構成比	前年比		構成比	前年比		構成比	前年比
資金調達	297.7	334.2	12.2	426.8	100.0	27.7	541.9	100.0	27.0	729.7	100.0	34.7
借入金	239.9	268.4	11.9	277.3	65.0	3.3	339.8	62.7	22.5	443.1	60.7	30.4
民間金融	229.8	262.9	14.4	257.7	60.4	−2.0	301.1	55.6	16.8	378.0	51.8	25.5
公的金融	10.1	5.5	−45.2	19.6	4.6	3.5倍	38.6	7.1	97.6	65.2	8.9	68.6
〔設備資金〕	〔58.1〕	〔42.8〕	〔−26.5〕	〔81.0〕	〔19.0〕	〔89.5〕	〔121.8〕	〔22.5〕	〔50.3〕	〔203.4〕	〔27.9〕	〔66.9〕
〔その他〕	〔181.7〕	〔225.6〕	〔24.2〕	〔196.2〕	〔46.0〕	〔−13.0〕	〔217.9〕	〔40.2〕	〔11.0〕	〔239.7〕	〔32.9〕	〔10.0〕
有価証券	50.5	63.7	26.3	102.5	24.0	60.8	111.2	20.5	8.4	211.0	28.9	89.8
事業債	6.8	15.8	2.3倍	23.6	5.5	49.7	16.1	3.0	−32.0	14.6	2.0	−8.9
株式	20.2	22.1	9.3	41.2	9.7	87.0	52.3	9.6	26.7	101.2	13.9	93.7
外債	23.5	25.9	10.3	37.6	8.8	45.3	42.8	7.9	13.9	95.1	13.0	2.2倍
CP	—	—	—	17.0	4.0	—	75.9	14.0	4.5倍	37.8	5.2	−50.2
対外借入等	7.4	2.0	−72.5	30.0	7.0	14.8倍	15.1	2.8	−49.5	37.8	5.2	2.5倍
資金運用	268.5	333.9	24.4	347.5	100.0	4.1	400.5	100.0	15.3	395.5	100.0	−1.3
通貨	12.4	48.1	3.9倍	−14.2	−4.1	—	35.4	8.8	—	−59.7	−15.1	—
規制金利定期預金	−2.3	−26.6	—	−81.9	−23.6	—	−101.5	−25.3	—	−202.4	−51.2	—
自由金利預金	117.3	138.3	17.9	261.3	75.2	89.0	298.3	74.5	14.2	435.1	110.0	45.9
大口定期＋MMC	90.2	128.7	42.7	272.5	78.4	2.1倍	267.7	66.8	−1.8	378.2	95.6	41.3
小口MMC	—	—	—	—	—	—	—	—	—	21.1	5.3	—
譲渡性預金(CD)	7.6	7.0	−8.1	1.5	0.4	−78.9	18.6	4.6	12.6倍	19.3	4.9	3.9
〔現預金・CD計〕	〔127.3〕	〔159.7〕	〔25.5〕	〔165.1〕	〔47.5〕	〔3.4〕	〔232.2〕	〔58.0〕	〔40.6〕	〔173.0〕	〔43.7〕	〔−25.5〕
信託	24.8	67.0	2.7倍	107.8	31.0	60.9	49.5	12.4	−54.1	74.9	18.9	51.4
投資信託	0.5	24.9	50.4倍	5.7	1.6	−77.1	8.1	2.0	42.1	0.5	0.1	−93.4
有価証券	19.3	−2.1	—	−12.9	−3.7	—	13.7	3.4	—	33.5	8.5	2.4倍
債券	16.9	−5.0	—	−53.3	−15.3	—	−15.4	−3.8	—	−0.3	−0.1	—
株式	2.3	2.9	24.2	40.4	11.6	13.8倍	29.1	7.3	−28.0	33.8	8.5	16.0
CP	—	—	—	0.9	0.3	—	16.9	4.2	18.1倍	9.8	2.5	−42.0
対外信用	96.6	84.4	−12.6	80.8	23.3	−4.3	80.1	20.0	−0.8	103.7	26.2	29.5
証券投資	76.3	57.6	−24.5	50.8	14.6	−11.9	32.0	8.0	−36.9	39.7	10.0	24.1
直接投資	12.1	15.3	25.9	18.0	5.2	17.5	32.2	8.0	79.4	46.9	11.9	45.6

（注）1．自由金利預金には外貨預金を含む.
　　　2．株式による資金調達の増加には、増資のほか、転換社債の転換分を含む。
（出所）　日本銀行調査統計局『調査月報』1990年6月号、15ページ。

る余裕は、すでに述べたように皆無である。株式の発行によって調達された資金は、1987年までであれば「財テク資金」として株式市場へ還流していたが(**表4－4**参照)、1988年以降は低コスト性を武器とした設備投資資金として用いられることが多くなっていた(4)。いまや、景気反転の中でこれらの資金は過剰生産設備としてすでに価値破壊されてしまっているのである。それどころか、支払い手段としての貨幣に対する需要などから、資金不足に陥っている。

こうしたことは、株式の持ち合いや政策投資自体を解消の方向へ誘導した。日本の株式は長期的に保有し、配当のみを得ていくには配当利回りがあまりに低すぎるので、従来、株式の持ち合いや政策投資といった長期保有目的の株式投資は、配当が少なくても取引関係や団体年金の契約の面で大きなメリットがあり、それで充分採算がとれる場合に限られていた。それにもかかわらず、1980年代後半以降の株式価格の上昇の中で、企業や金融機関は取引関係や団体年金の面で少々メリットが乏しくても、持ち合いや政策投資にかなり応じるようになっていたのであった。こうした広がりすぎた持ち合いの株式が、株価下落局面の中でたちどころに売却の対象とされたことはいうまでもない。だが、事はこの部分だけにとどまらず、より深部に近い部分にまで持ち合いや政策投資の解消が進行し始めているのである。

以上のように、1991～1992年においては株価操作自体が大きく動揺し、現実の株価がその法則的な水準へ向けて一層下落していったのである。

3．1993年以降2000年にかけて日本の株価は「割安」になったか

日本経済新聞社は、株価が下落した1991年の段階において、「日本の株は割安」であり、「現在の株価水準は歴史的な大底圏にある」として、日本の株価水準が「割安」であることを識者の意見を引用しながら報じていた(5)。株価が下落を続けた1992年には、さすがにそうした論調は一時影を潜めることになる

---

(4)　この時期の時価発行による低コストでの資金調達と設備投資との関係については、山口義行・小西一雄『ポスト不況の日本経済』講談社現代新書、1994年、の優れた分析がある。
(5)　日経金融新聞（1991年12月11日）。

が、2000年に入ってから再びそうした主張がわずかながらも展開されるようになってきている。日本経済新聞社によれば、2000年現在、「収益との関係では日本株の調整はすでに相当進んだ」段階にあり、「利益水準から判断して、日本株相場は歴史的にも国際的にも相当割安な水準に下がってきた」というのである[(6)]。

確かに、単純株価平均は、1992年まで下落して以降は下落幅を弱めている。「日本株相場は歴史的にも国際的にも相当割安な水準に下が」ったのであり、「現在の株価水準は歴史的な大底圏にある」という日本経済新聞社の主張は正しいかのように見える。だが、果たして本当にそうなのであろうか。私は、こうした日本の株価の「割安」論には、将来的にはともかく、今の段階においてはもう少し慎重であるべきであると考える。

私がそう考える理由は次の通りである。強引なまでの金利の引き下げを通じて法則的な水準自体を無理に引き上げることによって異常に高い株価を温存させていることは既に第1章で論じたことであるから、その点はここでは問わないとしても、企業の配当自体にも大きな無理が発生してきていると考えられる。景気の反転とその不況の長期化の中で企業の利潤が落ち込み、配当の重圧が企業にのしかかっているのである。

そこで、企業の配当状況の現状を見てみよう。一体、株式価格の基本的な決定要素であるといわれる配当金の源泉は、現状において企業の中でどのようにして捻出されているのであろうか。この点に注意を払うことが極めて重要である。

通常、配当金とは、その年において生み出された企業の利潤の中から支払われるものである。もし、配当金がその年において生み出された企業の利潤から支払われず、過去に蓄えられた内部留保などで賄われるとすれば、それは異常な事態である。そうしたことはいつまでも続けられるものではない。配当金とは、その年において生み出された企業の利潤の中から支払われるというのが、その正常なあり方なのである。

こうした企業の配当の状態を示すものが「配当性向」である。配当性向とは、当期純利益のうちどれだけが配当金に回ったかを示す数値である。例えば、100

億円の当期純利益があり、そのうち50億円を配当に回しているのであれば、配当性向は50億円÷100億円＝50％ということになる。つまり、100％以内に配当性向が収まっていれば、配当はその期間に得た当期純利益のうちから支払われたことを意味する。

では、企業の配当の源泉は、現状において当期純利益によって賄われているのであろうか。その現実を見てみよう。

表４－５を見ていただきたい。これは、上場企業の配当性向の分布を示したものである。それによると、「配当性向100％超」という分類欄が示しているように、配当性向が100％を超える企業の数が増加し、その数も歴史的に見て高い水準にあることが分かる。

「配当性向が100％を超える」ということはどういうことか。それは、黒字を達成すること、すなわち当期純利益を生み出すことはできたが、それだけでは配当金の支払いを賄うことができず、その不足額分を過去の内部留保を取り崩して配当金を捻出したということである。先に示した例を基に単純計算すれば次のようになる。

今、仮に、100億円の当期純利益を生み出していた先の企業に、当期純利益に減少が生じたとしよう。例えば、当期純利益を生み出すことはできたが、その金額が100億円から40億円に下がってしまい、50億円の配当金総額を賄えなくなったとしよう。そこで、過去に蓄積していた内部留保から10億円を取り崩したとする。その場合、配当性向は50億円÷40億円＝125％という計算になり、100％を超えることになる。「配当性向100％超」の企業とはこのような状況のことである。

だが、問題を抱えているのは、こうした「配当性向100％超」に属する企業だけではない。この「配当性向100％超」の企業は、過去の内部留保を取り崩しているとはいえ、まだ利益を生み出すことができている黒字の企業である。これに対して、当期純利益が赤字であり、したがって、利益すら生み出せなかったにもかかわらず配当を続けている企業が存在する。「赤字有配」という分

⑹　日本経済新聞（2001年３月30日）。

表4—5　日本の上場会社配当性向分布

（全国証券取引所協議会調）
〔Source: The National Conference of Stock Exchanges〕

年度 Fiscal Year	会社数 (A) No. of Cos.	配当性向 1〜100% Dividends Payout Ratio 1〜100% (B)	比率 (B/A)	配当性向区分 10.00%未満 Less than 10.00%	% 10.00〜19.99	% 20.00〜29.99	% 30.00〜39.99	% 40.00〜49.99	% 50.00〜59.99
1977（昭52）	1,708	1,176	68.9	8	118	240	209	161	131
1978（　53）	1,700	1,263	74.3	12	153	286	245	173	144
1979（　54）	1,711	1,369	80.0	26	201	336	289	171	131
1980（　55）	1,725	1,405	81.4	29	197	338	292	217	112
1981（　56）	1,738	1,356	78.0	20	176	313	285	179	147
1982（　57）	1,762	1,333	75.7	24	151	273	295	199	118
1983（　58）	1,781	1,323	74.3	27	143	296	299	189	101
1984（　59）	1,799	1,426	79.3	33	181	334	289	193	125
1985（　60）	1,814	1,446	79.7	43	164	338	298	172	149
1986（　61）	1,809	1,423	78.7	42	186	283	254	211	137
1987（　62）	1,777	1,473	82.9	65	244	366	268	188	127
1988（　63）	1,810	1,592	88.0	74	337	424	297	189	132
1989（平１）	1,971	1,785	90.6	95	417	473	336	198	109
1990（　２）	2,047	1,854	90.6	91	439	515	300	196	100
1991（　３）	2,084	1,749	83.9	80	357	416	307	178	137
1992（　４）	2,103	1,515	72.0	41	228	314	262	178	138
1993（　５）	2,153	1,447	67.2	27	212	279	228	173	124
1994（　６）	2,184	1,475	67.5	33	186	294	259	187	137
1995（　７）	2,267	1,598	70.5	38	208	345	253	198	164
1996（　８）	2,319	1,720	74.2	24	245	383	302	205	167
1997（　９）	2,374	1,557	65.6	22	184	307	297	199	149
1998（　10）	2,399	1,305	54.4	21	156	237	236	172	124
1999（　11）	2,444	1,490	61.0	41	210	319	253	188	135

（注）　(1)対象会社は各年度とも各年度内に到来した決算期間の合計が12ヵ月となる会社。
　　　　(2)配当性向は株式配当を含めないで算出した。

（出所）　東京証券取引所『証券統計年報』2000年度版

Distribution of Dividend Payout Ratios

（社　Cos.　%）

Classification by Dividend Payout Ratio				配当性向　100%超		赤字有配		無配	
% 60.00～ 69.99	% 70.00～ 79.99	% 80.00～ 89.99	90.00% 以上 90.00% or more	Dividend Payout Ratio of more than 100%(C)	比率 (C)/(A)	Div. Paying despite of Deficit(D)	比率 (D)/(A)	No Divi-dend (E)	比率 (E)/(A)
96	96	84	33	97	5.7	33	1.9	402	23.5
88	77	62	23	74	4.4	19	1.1	344	20.2
80	61	58	16	37	2.2	25	1.5	280	16.4
89	68	51	12	58	3.4	11	0.6	251	14.6
81	64	69	22	86	4.9	33	1.9	263	15.1
99	76	64	34	83	4.7	32	1.8	314	17.8
95	79	67	27	100	5.6	25	1.4	333	18.7
108	72	63	28	53	2.9	10	0.6	310	17.2
114	78	54	36	64	3.5	10	0.6	294	16.2
117	86	75	32	66	3.6	21	1.2	299	16.5
95	63	41	16	46	2.6	6	0.3	252	14.2
69	34	26	10	27	1.5	4	0.2	187	10.3
77	35	36	9	32	1.6	3	0.2	151	7.7
93	58	42	20	42	2.1	14	0.7	137	6.7
86	87	64	37	106	5.1	68	3.3	161	7.7
121	103	91	39	205	9.7	125	5.9	258	12.3
117	120	91	76	240	11.1	113	5.2	353	16.4
120	116	97	46	212	9.7	121	5.5	376	17.2
125	126	84	57	192	8.5	108	4.8	369	16.3
139	95	99	61	163	7.0	94	4.1	342	14.7
112	120	87	80	238	10.0	189	8.0	390	16.4
114	108	93	44	283	11.8	292	12.2	519	21.6
135	94	69	46	216	8.8	236	9.7	502	20.5

Note：(1)Companies covered were those of which one or two business terms ended during each calender year had 12 months.
(2)Stock Dividends were not included in calculating "Dividends Payout Ratio".

類に存する企業がそれである。その数は、全上場企業数の約10%にも達している。過去においてこの数値は0%台から1%程度であったこと、すなわち過去においてそうした企業はほとんど存在していなかったことを考えると、これもまた歴史的に異常に高い水準であることが分かる。

このように、「配当性向100%超」の企業や「赤字有配」の企業では、配当自体がその正常な源泉によって賄われておらず、虚像でとりつくろわれたものになっている。

言うまでもないが、これらの「配当性向100%超」の企業や「赤字有配」の企業よりも一層経営が深刻で配当の支払いもできないという、いわゆる「無配」に属する企業も他には存在する。今、仮にこの「無配」企業も視野に入れると、1998年と1999年を例にとれば、「配当性向100%超」の企業、「赤字有配」の企業、「無配」の企業を合わせた数は、全上場企業の約40%となっており、ほぼ上場企業の半数近くに達している。

したがって、全体として見てみると、東証一部の場合、バブルの絶頂時の1989年において27円であった1株当たりの当期利益は2000年にはわずか3円と低下しているが、それにもかかわらず、配当金は据え置かれ6円が支払われている(**表4－6**参照)。この数値からも分かるように、現状では企業から支払われている配当金額のうち、実にその半分が過去の内部留保の取り崩し部分、すなわち虚像からなっているのである。いかに、配当が企業の当期利益から捻出されていないかが分かるであろう。「日本の企業は内部留保が厚い」とは一般に言われているが、これは異常な事態であると言わなければならない。

議論を整理しよう。確かに、現代の株価は、バブルの絶頂期からすれば低下してはいる。しかし、だからといって現代の株価が必ずしも「割安」になったとは言えないように思われる。むしろ逆に、利子率を限りなくゼロに近づけたことによってだけでなく、配当自体も虚構化させたことによって支えられた、二重に無理のある株価水準と見るべきであるように思われる。日本経済新聞は、国際的にも、歴史的にも、企業収益との関係で見れば日本の株式価格は「割安」であると論じているが、その企業収益こそが問題視されるべきあろう。日本経済新聞では、時として、利益に基づくPERでは現状の株価を肯定する任

表４—６　日本の１株当たり当期利益と平均配当金の推移

（単位：円）

年	１株当たり当期利益	平均配当金
1988年	22.88	6.63
1989年	26.96	7.06
1990年	30.46	7.53
1991年	29.88	7.81
1992年	22.65	7.81
1993年	13.62	7.52
1994年	11.70	7.02
1995年	10.21	6.64
1996年	10.09	6.52
1997年	14.56	6.62
1998年	5.18	6.65
1999年	▲3.71	6.23
2000年	3.08	5.78

（注）　本資料は、東証一部会社。
▲印は、マイナスを表す。
（出所）　東京証券取引所『証券統計年報』2000年度版より作成。

に耐えないので、利益に減価償却費まで加えて現状の株価水準を肯定しようとする理論、すなわち株価キャッシュフロー倍率（PCFR：price cash flow ratio）などが持ち出されることがあるが、これにも大きな無理があることは言うまでもない。減価償却費は、あくまでも企業を維持するための費用であって、株主に分配されるものではない。

第３節
1991～1992年における ドイツの実体経済と株式価格

ドイツの株価水準は、1960年代において世界各国で見られた「利回り革命」という現象（すなわち、株式のリスクプレミアムを考慮した場合、その分だけ配当利回りが利子率よりも若干高い水準にあるはずなのに、その上下関係が逆転しているという現象）が見られるものの、日本の場合とは異なり、長期的に見て配当利回りと利子率とがほぼ並行するようなトレンドで推移してきている。したがって、この点を除けば、ほぼ法則通りに現実の株価が動いてきたといってもよいであろう。(**図4－4**および**図4－5**参照)。

とはいえ、配当利回りと利子率とが常に並行して推移してきたというわけではない。両者が逆の方向へ推移し、株価が「割高」になった時期こそ、ドイツ統一ブームに沸いた1989～1990年にほかならない。この時期においては、ブームの中で株式価格が上昇した結果、配当利回りと利子率とが逆方向に動き、両者が乖離した。本章の研究対象とする1991～1992年は、こうした1989～1990年のブームの中で形成された高い株価水準が、言い換えれば配当利回りと利子率との乖離(かいり)がわずかながらも調整された時期にあたる。この節では、こうしたドイツの株価水準について論じよう。

1．1991～1992年以前の状況
～1990年のドイツの実体経済と株式価格～

(1) 1990年のドイツの実体経済とドイツ統一ブーム

1991～1992年直前の1990年における好調なドイツの株式価格を支えていたのは、ドイツの好景気であった。

表4－7は、ドイツの実質GNPの対前年伸び率とその要因について整理したものであるが、ドイツの景気は、実質GNPで見ると1990年は4.5%の伸び率となっており、1980年代以降で見ると良好な数値を示している。この好景気を支えたものは、1989年秋以降のドイツ統一ブームに関連した需要である。つまり、東西ドイツ統一に関連した動きがドイツの景気循環の繁栄期をもたらしたわけである。旧西ドイツにおいて景気の拡大に伴う賃金水準の上昇、雇用の拡大が見られ、これが減税措置とあいまって民間最終消費を実質で4.7%拡大させたが[7]、さらにこれに、旺盛な旧東ドイツ市民の消費需要が加わったのである。

図4－4　ドイツの配当利回りと長期金利

（単位：％）

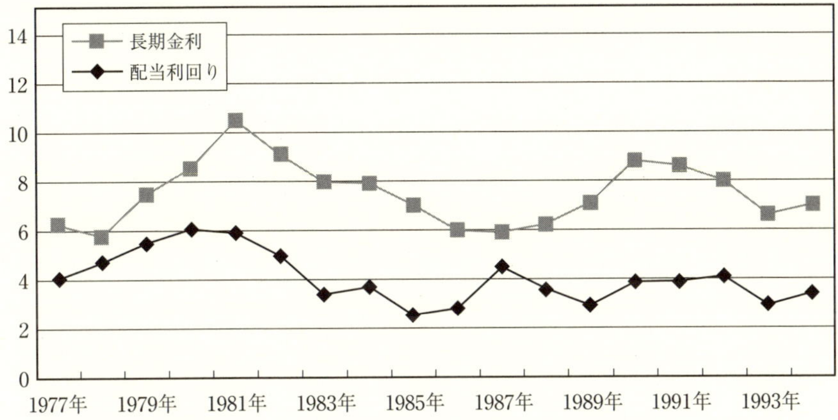

（注）長期金利は国債利回り。

（出所）Deutsche Bundesbank, *Monthly Report of the Deutsche Bundesbank* より作成。

図4－5　1981～1992年におけるドイツの株価指数

（1980年12月30日＝100）

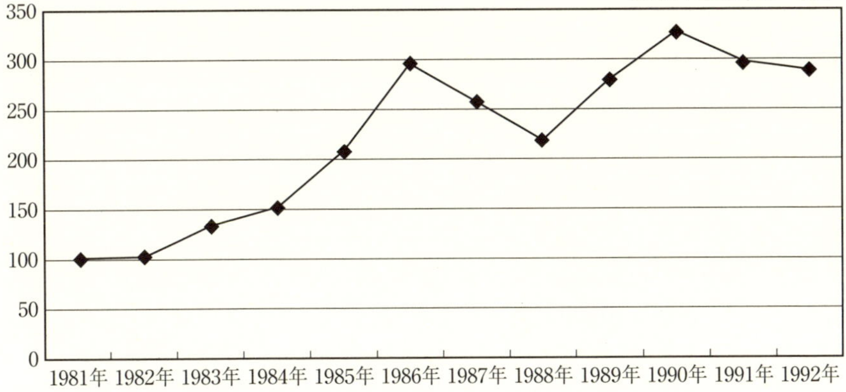

（注）年平均値。

（出所）Deutsche Bundesbank, *Statistisches Beiheft zum Monatsbericht, Kapitalmarktstatistik*, Februar 1993 より作成。

---

(7) Deutsche Bundesbank, *Report of the Deutsche Bundesbank for the year 1990*, (Frankfurt am Main), p.14.

旧東ドイツに有利なレートでの東西マルクの交換、旧西ドイツ政府からの資金移転などに依拠した旧東ドイツ市民は、家庭電化製品などの耐久消費財を中心とした消費財および住宅に旺盛な需要を示した。こうした旧東ドイツ市民の需要は、言うまでもなく旧東ドイツ製の生産物ではなく、旧西ドイツを中心としたいわゆる「西側」の商品に対して向けられたので、旧西ドイツでは消費財の生産や住宅建設が活発化し、さらにそれらを生産するのに必要な機械や原材料の生産も増加した（**図4－6**および**表4－8**参照）。

この生産の増加は、投資家を一層の設備投資へと駆り立てた。それは、東西ドイツの統一という形で国内に前途洋々たる広大な市場が将来にわたって形成されていくように見えたのに対して、生産能力はというと、1982年以降、その増設を抑えられてきていた[8]。したがって、1989年の秋のドイツ統一へ向けたうねりの中で一層の増産の必要が生じた時に稼働率はほぼ限界に近づき、「生産のボトルネックがたくさんの部門であらわれることとなった」[9]。

この点については**図4－7**を参照していただきたい。これは、製造業の生産高と稼働率を示したものであるが、それによると1989年においては生産高が高い伸びを続けている中で稼働率がほぼ限界に近づいていたのが分かる。1989年において活発な設備投資が行われたとはいえ、生産能力の伸び率は2～2.5%であり、需要の伸びについていけなかった[10]。その結果、工業における注文残高は大きく積み上がることとなった。このように注文残高が積み上がり、すでに生産設備の不足が現れる中で、1990年の前半にかけて東西ドイツ統一関連の旺盛な需要が生じたのである。

眼下に広大な新しい販売市場がまさに開かれようとしている時に、手持ちの生産設備はすでにフル稼働に近づいていて、増産が難しく、新市場での需要に対応できない。したがって、すべての資本家は前年をはるかに上回る12.9%という大規模な設備投資を敢行した。それは、増産できなければ利潤獲得の機会を逸するという理由だけからではない。販売を増やし、資本蓄積を進めることで、技術革新や有利な販売政策を展開できる条件をつくっていかなければ、将来において他社との競争に敗れ、自らが没落の運命を担わざるを得なくなるからである。そして、こうした資本家の設備投資を支えたのは銀行信用である。

表4―7　1988～1992年におけるドイツの実質GNP対前年伸び率

（単位：%）

	1988年	1989年	1990年	1991年	1992年
民間最終消費	2.7	1.7	4.7	2.5	1.0
政府消費	2.2	▲1.7	2.1	0.8	
固定資本形成	4.6	7.0	8.8	6.7	1.5
（機械設備）	6.6	9.8	12.9	9.4	▲2.7
（建設投資）	3.1	4.8	5.3	4.1	5.6
国内支出	3.6	2.6	4.5	3.0	1.6
対外バランス					
（輸出）	5.9	11.4	11.0	12.1	3.3
（輸入）	5.8	8.4	11.6	12.6	5.2
実質GNP	3.7	3.8	4.5	3.1	0.9

（注）▲印はマイナスを表す。なお、対外バランスは、世界のその他の地域（東ドイツを含む）との商品およびサービスの取引の収支である。

（出所）Deutsche Bundesbank, *Report of the Deutsche Bundesbank for the year 1991,* (Frankfurt am Main, 1991),p.15.および *Deutsche Bundesbank Annual Rport 1992,* (Frankfurt am Main),p.19.より作成。

図4―6　ドイツにおける住宅建設の受注状況（受注額指数）

（1985年＝100）

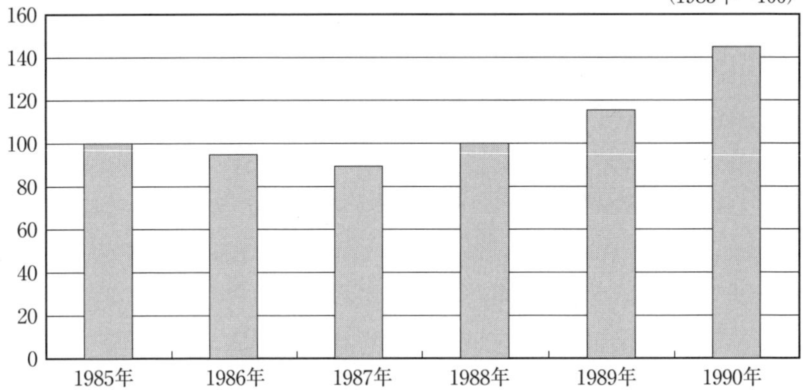

（出所）*Monthly Report of the Deutsche Bundesbank* および *Wirtschaft und Statistik* より作成。

表4－8　旧西ドイツの製造業部門別受注額指数

年	総平均			基礎資材			投資財			消費財		
		内需	外需		内需	外需		内需	外需		内需	外需
（旧西ドイツ　1985年＝100）												
1981	81.8	84.9	76.7	83.1	87.7	75.6	79.4	80.4	78.0	87.3	91.4	71.7
1982	81.0	84.5	75.2	81.1	85.2	74.5	79.0	81.6	75.4	87.1	90.1	75.9
1983	84.5	88.5	77.8	86.7	90.6	80.6	81.1	84.7	76.1	91.3	94.4	79.6
1984	92.6	94.0	90.2	96.0	96.6	95.1	89.3	90.7	87.5	96.9	98.3	91.7
1985	100.0	100.0	100.0	100.0	100.0	100.0	100.0	100.0	100.0	100.0	100.0	100.0
1986	100.2	102.4	96.5	94.6	96.4	91.7	102.2	105.4	98.0	103.1	103.3	102.6
1987	100.4	102.1	97.6	93.8	94.3	93.0	102.4	105.1	98.9	105.4	105.6	104.7
1988	110.2	110.5	109.8	103.4	102.9	104.2	113.0	113.9	111.8	112.8	112.5	114.2
1989	122.4	122.4	122.4	110.3	110.0	110.7	128.7	130.1	126.9	122.5	120.8	129.1
1990	129.4	134.6	121.1	111.0	114.2	105.8	137.9	146.4	126.5	133.8	134.0	133.1
1991	132.4	142.8	115.5	110.6	116.9	100.7	141.3	157.1	120.3	140.9	143.9	129.6

（出所）　日本銀行国際局『外国経済統計年報』1994年版、125ページ。

図４－７　1986～1990年におけるドイツ製造業の生産高と稼働率

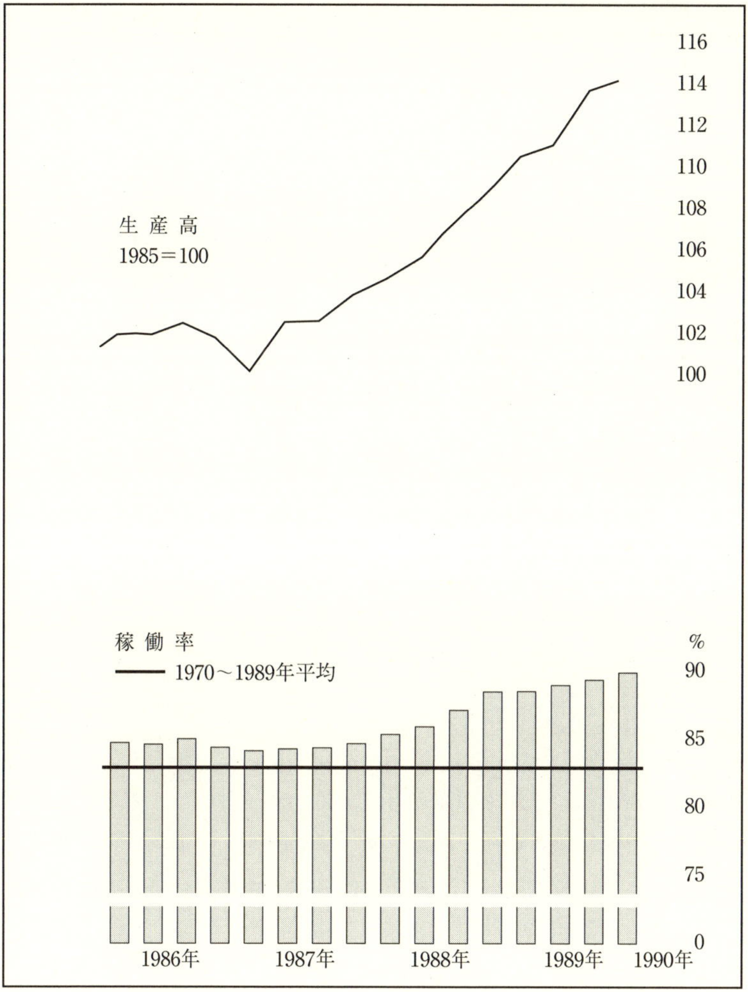

（注）生産高は1985年を100とした指数である。

（出所）Deutsche Bundesbank, *Report of the Deutsche Bundesbank for the year 1989*, (Frankfurt am Main, 1991), p.18.

図４－８　ドイツの金融機関貸出残高

（単位：100万ドイツマルク）

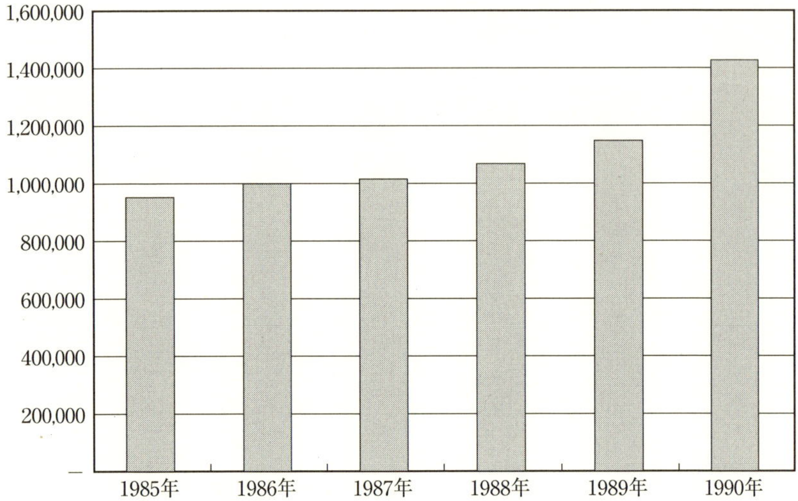

（注）年末ベース。
（出所）Deutsche Bundesbank, *Mouthly Report of the Deutsche Bundesbank* より作成。

設備投資を行うには巨額の貨幣が必要となるが、自己資金には限界がある。この限界を打破するものこそ銀行信用にほかならない。現実資本の蓄積を反映している貨幣資本のみならず、社会に広く散在している貨幣をも貸し付け可能な貨幣資本へと転化し、それを必要としている部門へ供給し、資本蓄積を早期にその極限にまで推し進めるのである（**図４－８**参照）。

以上のように、1990年はドイツ統一に伴う内需主導の景気拡大であった。

(2)　1990年におけるドイツの株式価格の高水準

1990年におけるドイツの株式価格の上昇は、こうした好調な景気に支えられたものである。実際、**図４－９**から見てとれるように、資本財部門の株式価格が、設備投資の伸びの高さに対応する形で最も高い上昇を示している。同様にまた、株式価格の運動がマルクレートに左右されなかったことからも、株式価格が好調な内需に支えられたものであることが分かる。

図4－9　1988～1992年におけるドイツの部門別株価指数

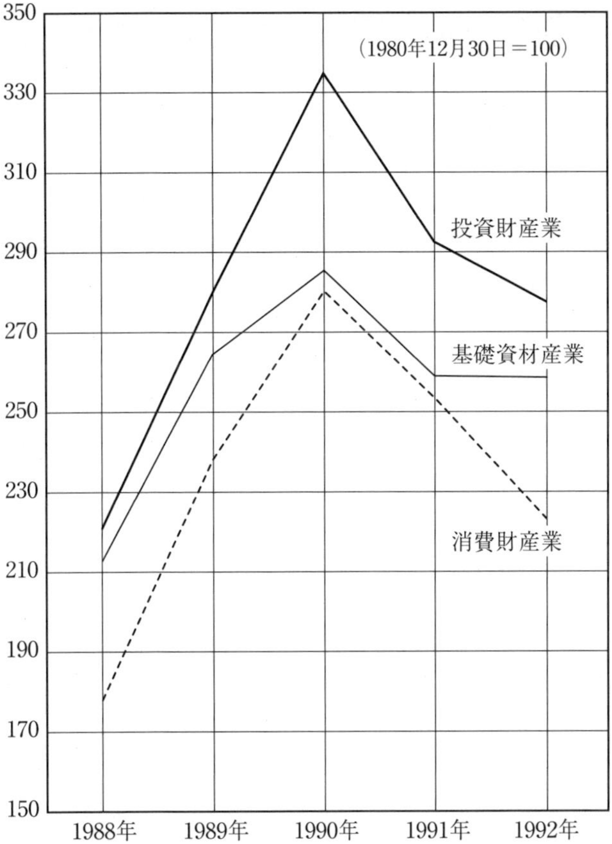

（注）株価指数は連邦統計庁が公表しているものであり、数値は年平均である。

（出所）Deutsche Bundesbank, *Kaitalmarktstatistik*, Februar, 1993, S. 47. より作成。

---

(8) Deutsche Bundesbank, *Report of the Deutsche Bundesbank for the year 1989,* (Frankfurt am Main), p.13.

(9) Deutsche Bundesbank, *Report of the Deutsche Bundesbank for the year 1989,* (Frankfurt am Main), p.17.

(10) Deutsche Bundesbank, *Report of the Deutsche Bundesbank for the year 1989,* (Frankfurt am Main), p.14－17.

従来、西ドイツの株式価格はマルクレートの変化に大きく左右されてきた。西ドイツの主要産業が輸出主導型の産業であるため、投資家からは、マルク高は西ドイツ企業の経営業績を悪化させる要因と見なされていた。したがって、外国為替相場がマルク高にふれると、西ドイツの株式が売られ、株式価格が低下するという構図が支配的だったのである。しかし、1990年の株式価格については事態は異なる。

図4－10はマルクレートの推移と株式価格の動向を比較したものであるが、それによると、1990年においては外国為替相場（年平均値）がマルク高にふれたにもかかわらず、株式価格はかなり上昇しているのが分かる。これは、1990年の西ドイツ株式価格に見られた極めて特徴的な事柄であるが、それはドイツの株式価格がドイツ統一ブームに伴う内需主導の好調な景気に支えられていたからである。西ドイツの主要産業をはじめとするほぼすべての産業が、東ドイツからの需要を中心とした内需によって活況を呈して企業業績が好調であったから、マルク高によって対外貿易が不振になることを危惧する必要がないと判断されたからであった。

もっとも、すでに触れたように、投資家の中心は1990年に変化が見られる。1990年に入るにつれて、海外の投資家に代わり西ドイツの国内投資家が次第に中心になっていった。

こうしたドイツの株式価格の上昇は、他方においてその配当利回りと利子率との乖離をもたらすものであった。利子率の上昇にもかかわらず、株式価格は統一ブームによって上昇を続けたことは配当利回りの低下をもたらしたからである。

2．1991～1992年のドイツの実体経済と株式価格

(1) 1991～1992年におけるドイツの実体経済の状況

1990年におけるドイツの株式価格は、以上のようにドイツ統一ブームによって上昇を続けて配当利回りと利子率との乖離をもたらしたが、この乖離が調整されるのが1991～1992年である。

図4－10　1986～1990年におけるドイツの株式価格とマルクレート

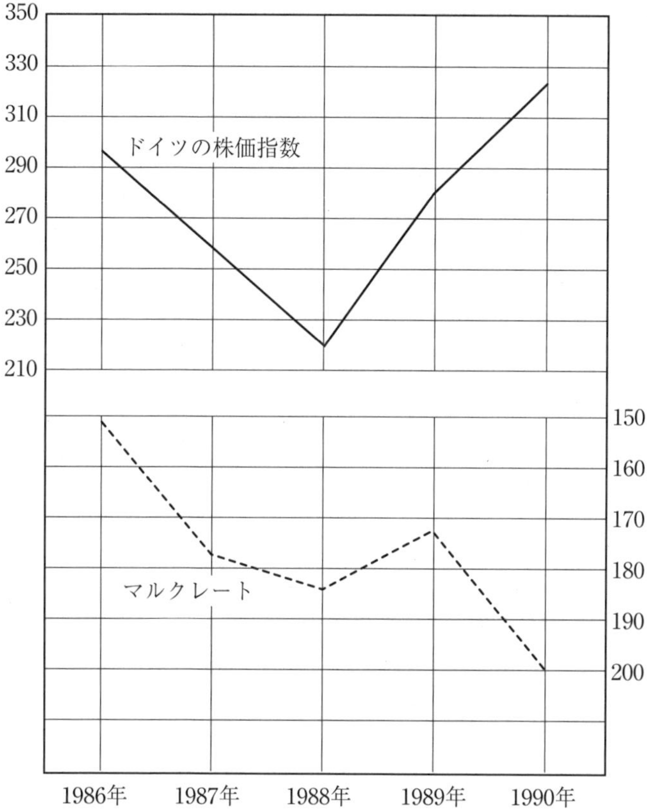

（注）株価指数は連邦統計庁株価指数（1980年12月30日＝100）の年平均である。他方、マルクレートは、対米ドルの指数（1972年末＝100）で、年平均値であり、値が大きいことは、マルク高であることを意味している。

（出所）Deutsche Bundesbank, *Kapitalmarktstaistik*, Febuar, 1993, S. 47. および Deutsche Bundesbank, *Zahlungsbilanzstatistik*, Februar, 1993, S. 100. より作成。

1991～1992年に入ると、株式価格の上昇を支えてきた好景気が徐々に反転していく。この景気反転の条件は、1990年の繁栄期において醸成されつつあった。1990年は、当時、過剰生産とは比較的無縁の時期と考えられていた。例えば、ドイツ連邦銀行の年報においては次のように論じられている。

「既存の生産諸要素、とりわけ資本ストックの利用が限界に近づいていることから、総生産の拡大の余地は小さいように思われる。その結果、西ドイツ経済の成長余地は、潜在的生産能力の増加の程度によって限界が付される」(11)

既存の生産諸要素の利用が限界に近づいていることをふまえ、西ドイツの成長余地は、需要面からではなく供給面、すなわち潜在的生産能力によって限界が付されるだろうと論じている。この論調には、過剰生産という危機意識は微塵もない。しかし、現実の景気の実態はこうした論調とは逆であった。

繁栄期の中で利潤率が高く、しかも東西ドイツの統合という形で国内に前途洋々たる広大な市場が形成されていくように見えたので、資本家たちは、すでに述べたように精力的に大規模な設備投資を行っていた。利潤獲得という資本の本性が諸資本の競争を通じて資本家に外的に強制されるので、どの資本家も利潤獲得のために先を争って早期に設備投資を実行に移したのである。設備投資は、その建設期間中においては供給なき需要を形成するから、投資が投資を呼ぶ形で自立的に展開され、過剰生産は表面化しない。しかし、過剰な生産設備の形成のきざしは、増勢が続くと見られていた製造業の国内受注（実質ベース）が早くも1990年第２四半期には頭打ちとなったことのうちにすでに現れていた。

この点については、**図４－11**を参照していただきたい。これは、ドイツ製造業の国内受注を示したものであるが、それによると、製造業の国内受注は1989年後半から1990年前半にかけて急激に増えていたが、1990年の後半には頭打ちとなっていることが分かる。

こうした潜在的な過剰生産が顕在化してくるのが、1991年の後半以降である。**図４－11**、**図４－12**にあるように、製造業の受注は少しずつ落ち込み始め、売上高は頭打ちになった。というのも、旧東ドイツ企業の経営不振による雇用不

図４－11　ドイツ製造業の国内受注

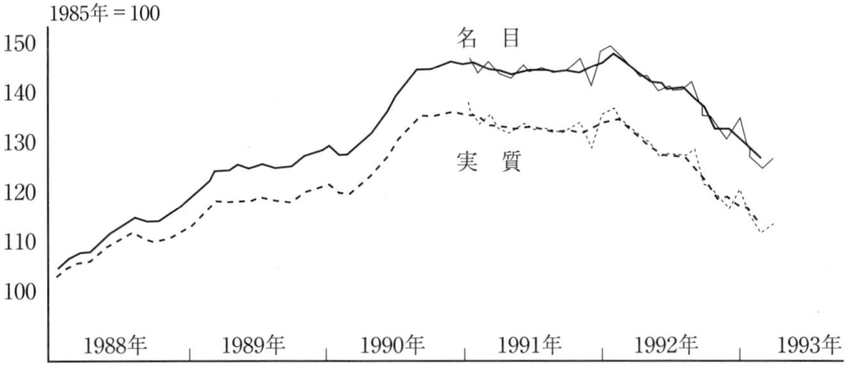

（注）値は季節調整値である。
（出所）Deutsche Bundesbank, *Statistisches Beiheft zum Monatsbericht, Saisonbereinigte Wirtschaftzahlen*, Juni, 1993, S. 45.

図４－12　ドイツ製造業の国内・国外別売上高

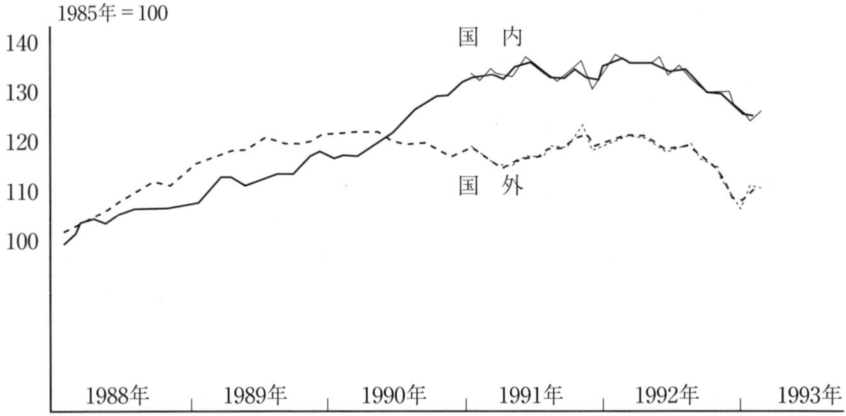

（注）値は季節調整値である。
（出所）Deutsche Bundesbank, *Statistisches Beiheft zum Monatsbericht, Saisonbereinigte Wirtschaftzahlen*, Juni, 1993, S. 53.

---

(11) Deutsche Bundesbank, *Report of the Deutsche Bundesbank for the year 1990,* (Frankfurt am Main), p.25.

図4－13　1991～1992年におけるドイツ製造業の生産高と稼働率

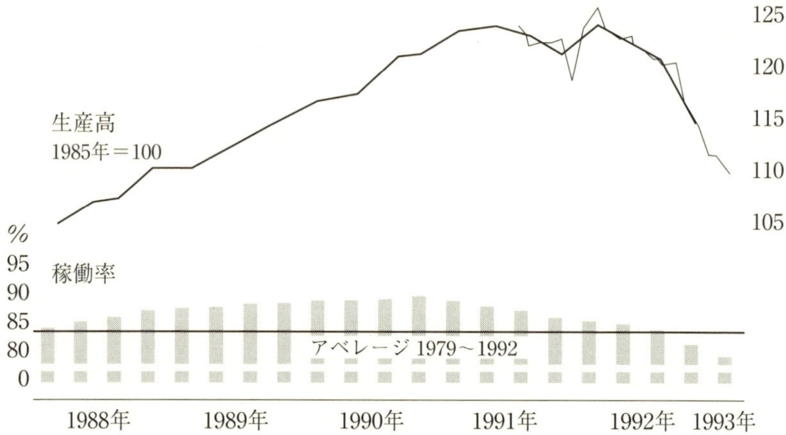

（出所）*Deutshe Bundesbank Annual Report 1992*,（Frankfurt am Main）, p. 20.

安、および旧東ドイツ市民の消費支出の伸びがなくなったことを背景に[12]、民間最終消費が前年の4.7％増から1991年に2.5％へと鈍化したからである。1991年において高い伸びを示しているのは、建設投資を除けば設備投資だけである（**表4－7**参照）。これは、設備の完成には長期の時間を要するので、販売が伸びを欠き始めた後になっても建設が続けられたからである。

1992年になると、こうした過去の設備投資によって建設されていた過剰な生産設備が完成し、稼働し始め、過剰生産は激化した。販売は停滞し、在庫が大きく積み上がった。これに対応するため、**図4－13**にあるように一層の減産が行われ、生産設備の稼働率も大きく低下した。住宅などの建設を除けば、民間最終消費、設備投資、政府消費支出、純輸出のすべてが停滞したのである。

(2)　1991～1992年におけるドイツの株価の調整

株価上昇を支えてきたドイツ統一ブームに伴う好景気が反転すると、それを基礎として成り立ってきた株式価格の上昇も必然的に転換せざるを得なくなった。投資財生産部面、消費財生産部面、基礎資材生産部面の株価指数のいずれもが下落した（**図4－9**参照）。これまで好調な景気によって効果の発現を抑えられてきた金利の株式価格に対する影響が、少しずつ顕在化し始めるようになったのである。この調整過程が充分なものとは言い難いが、旧東ドイツの企業の民営化に関わって旧西ドイツ企業がその株式を取得したことを除けば[13]、個人や外国人投資家は株式投資を避け、高利回りの債券や預金へ投資を集中させたのである[14]。

(12) Deutsche Bundesbank, "The Capital finance account of Federal Republic of Germany for1991", *Monthly Report of the Deutsche Bundesbank,* (Frankfurt am Main), May 1992, p.21.

(13) Deutsche Bundesbank, "The Capital finance account of Federal Republic of Germany for 1991", *Monthly Report of the Deutsche Bundesbank,* May 1992, p.19.

(14) Deutsche Bundesbank, "The Capital finance account of Federal Republic of Germany for 1991", *Monthly Report of the Deutsche Bundesbank,* May 1992, p.21.

第5章

日本の株価対策と矛盾の転嫁

第1節
問題の所在

わが国では、株価の下落を受けて、株価維持のために1991年以降公定歩合が連続的に引き下げられ、1992年８月には正式に株価対策が「金融行政の当面の運営方針」および「総合経済対策」（総事業規模10兆7,000億円）に盛り込まれた。企業や金融機関の保有株式の含み益の減少や含み損の増加は、その経営体力やBIS規制[1]との関わりにおいて、日本経済に由々しき問題をもたらすとされたからである。

株価対策は、その後も現代に至るまで、背景や内容を変えながら政府や企業、銀行などで様々に試みられ、近年、株式の持ち合いの解消問題の本格化の中で一層その熱を帯びている。

こうした株価対策をめぐっては、取り組みの紹介やその効果の度合いがマスコミなどで取り上げられてきたし、また現在においても紙面を飾っている。例えば、「経済に占める金融のウエートが非常に大きくなっていて、しかもそれが瞬時に大きく変動する世界」だから、「そこの認識がないまま従来型の対策を取っても効果はない」という論評[2]、あるいは「株式の売買単位を引き下げて、個人投資家を呼びもどすことが、株式市場の活性化につながるのであり、ひいてはそれがペイオフに備えた資産運用の選択肢をひろげることにも結びつく」という主張がそれである。こうした論評や主張には、その背後に「株式市場を活性化しなければならない」ということが、明示的にであれ、暗黙のうちにであれ、前提とされているように思われる。

だが、こうした前提自体の中に問題はないのであろうか。株式市場を活性化するという株価対策とは、株式市場に関わる矛盾を、それを引き起こした当事者にではなく、他者に転嫁するという問題を含んではいないかという問題である。本章では、1991年から近年に至る日本の株価対策を、こうした観点から論じようと思う。

第２節

株価操作による低コストでの資金調達の矛盾

株価対策の必要性が叫ばれる以前の1980年代後半において企業が株価の上昇を背景に時価発行方式によって超低コストでの資金調達を広く一般から公募形式で行っていたことはよく知られた事実である（**図５－１**参照）。だが一体何故、時価発行方式において低コストでの資金調達が可能だったのだろうか。

それは、一つには、額面価格での新株引き受け権を一般の株主から剥奪したからである。時価発行方式のこの特性を額面発行方式の場合と比較しながら見てみよう。例えば、額面50円、配当５円の株式は、利子率が２％であれば流通

図５－１　1980年代における日本の株式による資金調達

（単位：100万円）

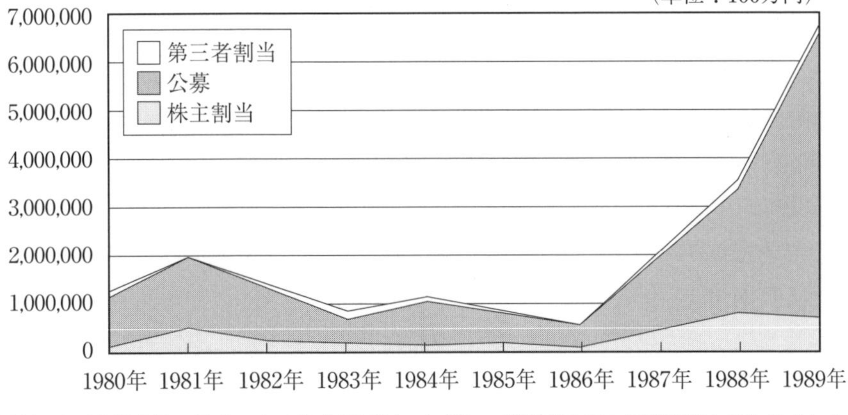

（注）全国上場会社の株式による資金調達額。ただし、新株引受権の権利行使や優先株式によるものは含まれていない。

（出所）東京証券取引所『証券統計年報』2000年版より作成。

---

(1)　BIS規制とは、国際業務に携わる銀行の自己資本充実に関する監督規制のことであり、自己資本比率の最低基準を８％以上とするものである。国際決済銀行（BIS: Bank for International Settlement）の銀行規制監督委員会（バーゼル委員会）により協議、決定された。

(2)　日本経済新聞（1992年７月10日）参照。

市場では250円の値段がつくことになるが、額面発行方式の場合であれば、企業は株式の発行によって資金調達をする際に既存の株主に額面価格の50円で新株を引き受ける権利を与えることになる。株主は50円の払い込みによって新株を取得することになるが、これによって株主は配当として５円を受け取るだけでなく、新たに引き受けた株式を流通市場で売却した場合には、差益として200円（250円−50円）を手にできる仕組みである。他方、企業は50円を資金調達することになるが、その際は配当として５円を株主に毎年支払わなければならないので、資金調達コストは10%（５円÷50円）ということになる。

こうした株主割り当ての額面発行方式に対して、近年、企業が盛んに用いた時価発行方式とは、企業が額面の50円ではなく、流通市場での値段通りの250円で新株を発行するという資金調達方式のことである。この方式においては、企業は同じ配当５円の株式の発行でありながら、50円ではなく250円の資金調達を行うことになる。資金調達コストは、先に例示した額面発行方式の場合の10%よりも遥かに低い２%（５円÷250円＝２%）で済む。ここにおいて資金調達コストが低下したのは、株主が従来受け取っていた新株の額面価格と流通価格との差額、つまり200円を企業が株主から奪い取っているからである。企業が低コストの資金調達を行う代わりに株主は、流通市場で250円で売れる株式を50円ではなくその250円のままで引き受けることになるので、これを流通市場で売却したとしても差益は当然得られなくなっている。

このように、時価発行方式とは、株主が従来受け取っていた額面価格と流通価格との差額、つまり200円を株式の発行主体である企業が株主から奪い取るという資金調達方式なのである（**図５－２**参照）。株式の流通価格が高ければ高いほど、企業は株主から額面価格と流通価格との差額をより多く奪うことができて、資金調達を一層低コストで行えることになる。

もっとも、一般の零細株主にとって不利なこうした時価発行を採用すれば、株式の買い手はつきにくくなる。額面での新株引き受け権を剥奪するというこうした手法は、企業にとっては都合のよいことではあるが、それは既存の零細株主にとっては不利であり、株式市場での需要を抑制し、株式の流通価格の低下を招く。ひいては、時価発行による資金調達自体が困難になっていくことに

図５―２　額面発行方式と時価発行方式

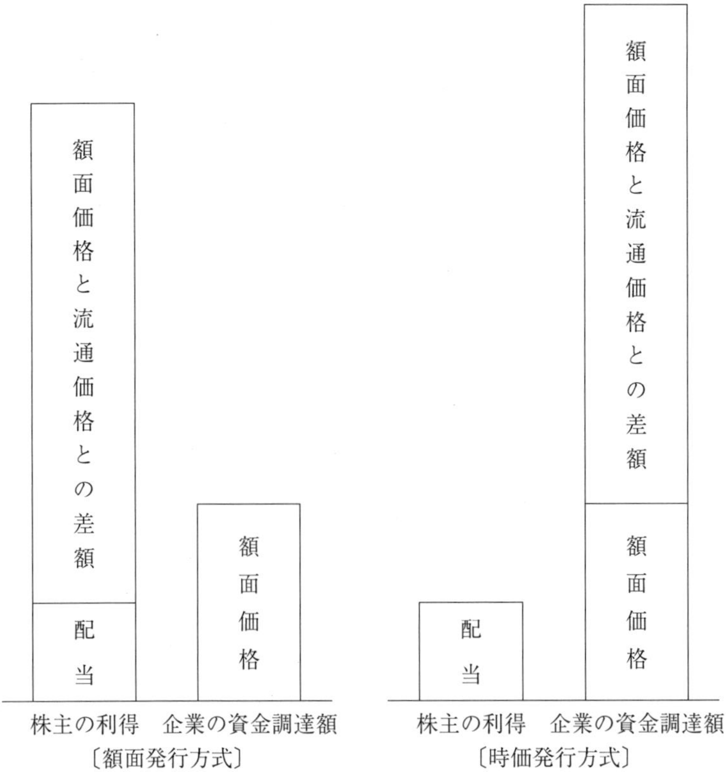

なる。

そこで、企業が時価発行による低コストでの資金調達を実現するためには、もう一つの条件が必要になる。株価操作による株式の流通価格の吊り上げがそれである。

先に述べたように、時価発行方式は、その新株がその後流通市場において値上がりでもしない限り、零細株主が株式の売却益を得ることはできない仕組みであり、それがゆえに、新株の引き受け手を確保しにくいという難点をもつものである。ということは、この新株がその後流通市場で値上がりするような舞台裏の装置を企業が自らの手でつくりあげてしまえば、こうした難点は充分解決するということになる。

その舞台裏の装置とはこうである。ある企業が時価発行方式によって零細株主に新株を引き受けさせたとしよう。言うまでもなく、このままの状態では零細株主は、株式の売却益を得ることはできない。そこで、この企業は取引先などを通じて自社の株を流通市場で購入させ、そうすることによって自社の株の流通価格を意図的に上昇させるのである。こうして株の流通価格を上昇させてみせれば、別の一般の人が株を買おうと株式の流通市場に入ってくる。一般の人が流通市場で株を買えば、株の流通価格は以前よりも一層上昇する。そうすると、以前において時価で新株を取得していた零細株主であっても、その後のこうした株の流通価格の上昇によって、株の売却益を手にすることが可能となる。流通市場での株の転売によって売却益が見込めるとなれば、時価発行方式であっても新株の引き受け手はいくらでも現れることになるというわけである。

つまり、時価発行方式で株式を引き受けた零細株主の差益、儲けは、株価操作につられて彼の次に株式市場へ入ってきた別の人がその懐から提供するという仕組みになっている。そして、株式市場にさらにまた別の投資家が次から次へと入り込むことによって株式の流通価格が一層上昇すれば、額面価格と流通価格との差額が一層拡大し、企業の資金調達コストはさらに引き下げられることになる。

こうして時価発行による低コストでの資金調達が可能になり、1980年代後半のバブル時には「金余り」による投機資金の流入の中での株価上昇によって、企業の資金調達における一層の低コスト化が追求されていった。

だが、株価操作で無理に割高な株価をつくり、より低コストでの資金調達を追求するということは、企業による資金調達の低コストの度合いが強まる分だけ株の持ち手の損失も強まるということである。連続的に株価が流通市場で上昇し、最初の株の持ち手に損失が出なかったとしても、その分損失の度合いが雪だるま式に増す形で損失が先送りされているだけである。実際にその損失が表面化することになるのは割高な株価が暴落する時であり、損失を負担することになるのはその時にその株を保有している人である。

第3節

株価対策による矛盾の転嫁

当然のことながら、そうした株価の下落局面では誰しもが損失をできるだけ少なくするために流通市場で株式の「売り」を強める。1990年の株価の反転以来、サラリーマンなどの一般の人たちが売りに出たことは言うまでもない。外国人投資家に至っては、株価の下落を利用して「空売り」などによって差益すら得ていた。

「空売り」とは、今後値下がりが確実と思われる株式について、それを他者から借り入れて売却し、定められた期間の中でその銘柄を買い戻し、返却するという手法であり、予想通り価格が低下していれば、売却価格と買い戻し価格との差額が差益として転がり込むというものである。「空売り」は、株を借り入れることによって行われるから、自己の所有株の量的な制約を超えて市場に大量の売りを出すことが可能であり、株価の下落局面においては株価の下落を一層加速することになる。株価の下落はそれを保有している人にとっては資産の目減りにつながるが、外国人投資家の場合は、もともと日本株の保有量がそれほど多くない上、株式の持ち合いという縛りもないので、空売りが株価の下落を誘ったとしても自己の保有資産の評価損や経営の支配権の不安定化といった形で間接ないし直接に自らに跳ね返ってくるものが少ないので「空売り」を行いやすいのである。

ところが、こうしたサラリーマンなどの一般投資家や外国人投資家とは逆に、株価が下落を続けていても、保有している株式を思い切って大量に売り切ってしまうことができないでいたのが企業や銀行などであった。彼らは、株価操作を行い、お互いに株式を大量に持ち合っている。**表５－１**は株式の分布状況を所有者別に示したものであるが、金融機関や事業法人の比率の高さに、その一端を見ることができるであろう。時価発行増資によってすでに発行株式数を大幅に増やしてしまっている中で、もし持ち合っている株をお互いに売り切ってしまえば、結局はお互いに自社の経営に対する支配権を危うくする上、価格暴落過程の中で資金回収も充分にできなくなるから、売り切ろうにも売り切って

表５―１　所有者別の株

（全国証券取引所協議会調）
[Source: The National Conference of Stock Exchanges]

年度 Fiscal Year	会社数 No. of Cos.	政府・地方公共団体 Government & Local Government		金融機関 Financial Institution			
						投資信託 Investment Trusts	
昭和24年（1949）	677	56,064	2.8	198,262	9.9	…	…
25　（1950）	714	81,024	3.1	325,863	12.6	…	…
30　（1955）	786	43,046	0.4	2,623,376	23.6	458,583	4.1
35　（1960）	785	69,836	0.2	10,531,506	30.6	2,590,367	7.5
40　（1965）	1,578	169,347	0.2	24,309,765	29.0	4,726,360	5.6
45　（1970）	1,584	290,201	0.2	38,524,466	32.3	1,643,489	1.4
50　（1975）	1,710	394,482	0.2	62,156,125	36.0	2,730,033	1.6
51　（1976）	1,719	401,141	0.2	66,811,388	36.5	2,560,880	1.4
52　（1977）	1,723	399,765	0.2	72,960,176	37.8	3,793,133	2.0
53　（1978）	1,707	414,310	0.2	77,214,574	38.8	4,290,929	2.2
54　（1979）	1,723	449,215	0.2	80,334,920	38.8	3,971,236	1.9
55　（1980）	1,734	466,754	0.2	83,893,667	38.8	3,276,189	1.5
56　（1981）	1,749	479,639	0.2	89,154,751	38.6	3,038,560	1.3
57　（1982）	1,771	500,184	0.2	93,127,898	38.9	2,918,139	1.2
58　（1983）	1,790	498,687	0.2	97,123,584	39.0	2,515,527	1.0
59　（1984）	1,806	503,600	0.2	102,288,442	39.6	2,800,983	1.1
60　（1985）	1,834	502,439	0.2	109,029,729	40.7	3,649,955	1.4
		単位 units		単位 units		単位 units	
60　（1985）	1,833	2,395,073	0.8	134,352,532	42.2	4,263,754	1.3
61　（1986）	1,881	2,993,115	0.9	143,814,366	43.5	5,963,237	1.8
62　（1987）	1,924	2,784,603	0.8	155,047,881	44.6	8,234,440	2.4
63　（1988）	1,975	2,706,263	0.7	167,409,600	45.6	11,214,607	3.1
平成１年（1989）	2,030	2,509,405	0.7	176,860,697	46.0	14,101,537	3.7
2　（1990）	2,078	2,542,932	0.6	178,581,794	45.2	14,230,964	3.6
3　（1991）	2,106	2,552,108	0.6	181,512,372	44.7	13,125,656	3.2
4　（1992）	2,120	2,584,238	0.6	183,869,929	44.5	13,187,318	3.2
5　（1993）	2,161	2,589,176	0.6	186,452,358	43.8	12,607,988	3.0
6　（1994）	2,211	2,919,452	0.7	193,488,764	43.5	11,688,422	2.6
7　（1995）	2,277	2,868,321	0.6	189,493,868	41.4	9,769,809	2.1
8　（1996）	2,339	2,558,075	0.5	196,843,115	41.3	9,339,333	2.0
9　（1997）	2,387	2,581,586	0.5	198,636,218	40.2	7,150,892	1.4
10　（1998）	2,426	2,585,634	0.5	201,963,614	39.3	6,324,057	1.2
11　（1999）	2,472	2,563,963	0.5	194,485,218	36.1	8,460,405	1.6

（注）（1）昭和36年10月２日、東京・大阪・名古屋に市場第二部発足。
（2）調査対象会社は、各年度末現在の上場会社。ただし、昭和60年度以降は当該年度中
（3）調査は、昭和60年度以前は株主ベース。昭和60年度以降は単位数ベース。
（4）昭和25年度から50年度までは５年間隔で掲載。
（出所）東京証券取引所『証券統計年報』2000年度版。

式分布状況（株式数）

（千株　thous. shs.　%）

証券会社 Securities Companies		その他の事業法人 Other Business Corporation		外国人（法人＋個人） Foreigners		個人・その他 Individual & Others		合計 Total	
251,141	12.6	111,806	5.6	…	…	1,382,473	69.1	1,999,748	100.0
307,159	11.9	284,625	11.0	…	…	1,581,827	61.3	2,580,500	100.0
881,850	7.9	1,464,341	13.2	191,464	1.7	5,904,682	53.2	11,108,762	100.0
1,279,360	3.7	6,123,280	17.8	460,043	1.3	15,930,119	46.3	34,394,145	100.0
4,878,813	5.8	15,471,750	18.4	1,527,591	1.8	37,602,322	44.8	83,959,589	100.0
1,411,831	1.2	27,514,850	23.1	3,830,527	3.2	47,569,981	39.9	119,141,856	100.0
2,461,629	1.4	45,329,050	26.3	4,417,422	2.6	57,714,830	33.5	172,473,537	100.0
2,494,270	1.4	48,426,871	26.5	4,668,894	2.6	60,271,622	32.9	183,074,185	100.0
2,918,934	1.5	50,475,729	26.2	4,376,340	2.3	61,754,482	32.0	192,885,425	100.0
3,513,113	1.8	52,332,359	26.3	4,256,721	2.1	61,333,339	30.8	199,064,416	100.0
4,153,948	2.0	53,993,615	26.1	5,073,973	2.5	62,780,384	30.4	206,786,055	100.0
3,742,626	1.7	56,076,322	26.0	8,714,222	4.0	63,079,697	29.2	215,973,287	100.0
3,972,999	1.7	60,732,269	26.3	10,718,325	4.6	65,618,927	28.4	230,676,909	100.0
4,277,235	1.8	62,204,656	26.0	12,178,376	5.1	67,126,374	28.0	239,414,726	100.0
4,752,530	1.9	64,501,735	25.9	15,578,199	6.3	66,749,074	26.8	249,203,811	100.0
4,912,704	1.9	66,970,799	25.9	15,626,002	6.1	67,862,303	26.3	258,163,851	100.0
5,610,492	2.1	68,569,692	25.6	16,131,823	6.0	67,997,093	25.4	267,841,270	100.0
単位 units		単位 units		単位 units		単位 units		単位 units	
6,226,426	2.0	76,717,685	24.1	18,242,643	5.7	80,233,631	25.2	318,165,485	100.0
8,284,610	2.5	80,879,675	24.5	15,695,266	4.7	78,922,766	23.9	330,589,798	100.0
8,774,889	2.5	86,726,057	24.9	12,505,645	3.6	81,913,071	23.6	347,752,146	100.0
9,001,441	2.5	91,277,010	24.9	14,708,761	4.0	82,159,503	22.4	367,262,578	100.0
7,697,845	2.0	95,459,671	24.8	14,846,161	3.9	87,045,619	22.6	384,419,398	100.0
6,539,627	1.7	99,418,775	25.2	16,463,131	4.2	94,303,253	23.1	394,849,512	100.0
6,220,985	1.5	99,457,919	24.5	21,774,949	5.4	94,252,446	23.2	405,770,779	100.0
4,812,005	1.2	100,719,367	24.4	22,779,945	5.5	98,597,727	23.9	413,363,211	100.0
5,621,153	1.3	101,792,280	23.9	28,374,848	6.7	100,821,092	23.7	425,650,907	100.0
5,115,608	1.1	105,975,075	23.8	32,996,812	7.4	104,385,424	23.5	444,881,135	100.0
6,252,735	1.4	108,017,259	23.6	43,035,912	9.4	107,771,247	23.6	457,439,342	100.0
5,063,812	1.1	113,326,447	23.8	46,778,894	9.8	112,573,056	23.6	477,143,399	100.0
3,984,969	0.8	119,139,806	24.1	48,400,892	9.8	121,869,741	24.6	494,613,212	100.0
3,609,609	0.7	124,191,375	24.1	51,480,815	10.0	130,536,860	25.4	514,367,907	100.0
4,757,372	0.9	127,985,707	23.7	67,069,071	12.4	142,064,558	26.4	538,925,889	100.0

に到来した決算期末時点で未上場の会社を除く。

しまえないのである。

そこで、日本の株価を支えるの株価対策が政府によって実行されることとなった。だが、それは、国民の多くに犠牲を強いるものであったように思われる。低コストでの資金調達に内包されていた矛盾は、株価対策が行われなければ、その矛盾を引き起こした企業、金融機関へそのまま行くことになるが、政府の株価対策はそれを他者に、すなわち一般の人たちへ転嫁させるものであった。一般の人たちは、額面価格での新株の引き受け権を剥奪され、なおかつ株価操作によって危険な投機へ巻き込まれ一部損失を被ったにもかかわらず、さらに矛盾の事後処理として、以下に述べるような株価対策の中で一層の負担を迫られたように思われる。

1．1991～1992年の株価対策

政府の株価対策は、一言で言えば、株式市場での売り圧力を抑え、買い手を増やすというものであった。1991～1992年の場合は、株価対策として様々な対策がとられたが、その主なものは次の二つである(3)。一つは公定歩合の引き下げであり、もう一つは公的な資金による「株式投資の促進」である。

(1) 公定歩合の引き下げ

日本銀行は1992年７月に公定歩合を0.5％下げた後、翌1993年２月にも公定歩合を0.75％引き下げて年2.5％にした。総合経済対策の中には「金融政策の機動的運営」(4)が謳われているが、この公定歩合の引き下げは、景気対策としてだけでなく、株価対策としての意味合いをもつものであった。実際、日本銀行の三重野総裁自身、公定歩合の引き下げが金融機関の収益を下支えするのは事実だとした上で、「金融緩和が…実体経済や株式市場に好影響を与える」(5)と語り、公定歩合の引き下げが一面において株価対策でもあることを示唆している。

公定歩合の引き下げがどのような点で株価対策として期待されたかというと、それは主に次の二点においてであったように思われる。

一つは、公定歩合の引き下げによって預金や債券といった株式以外の金融資産の利子率を低下させることで、株式の金融資産としての魅力を高め、株式投資を活発にすることである。株式投資が活発になれば、株価は上昇しやすくなるという読みがあったと思われる。

もう一つは、公定歩合の引き下げによって金融機関の収益を支えることで、不良債権の償却に必要な資金の確保のための株式の「益出し」を少なくすることである。「益出し」とは、保有株式の含み益を現金化し、差益を現実のものとすることである。

不良債権として回収不能となった巨額の資金を穴埋めするには、基本的には、預金貸出業務で得た利鞘に基づく業務純益（本業で得た利益）から償却資金を捻出するか、あるいは含み益のある保有株式を使って「益出し」を行い、それによって得た利益で償却資金を捻出することが必要である。この時期の「益出し」の手法は、同じ株式数だけ同時に買い戻すという手法であり、株式の持ち合いという図式は維持されるが(6)、株式価格の一層の下落を誘うことになる。そこで、株価対策としては、株価の下落をもたらす「益出し」よりも銀行の業務純益を拡大させる道が選択された。公定歩合の引き下げこそは、まさに業務純益を大きくする効果をもつ。というのも、公定歩合の引き下げを契機に銀行は預金金利を下げる一方、貸し出し金利はそれに応じては下げないからである。

この結果、1992年度の業務純益は、公定歩合の引き下げによって前年度を9,693億円上回る４兆6,856億円の大幅増益となった(7)（**図５－３**および**表５－２**参照）。これによって、銀行の「益出し」に歯止めがかかった。銀行の益出しの状況を、銀行の損益計算書における「株式等売却益」の推移を手懸かりに

---

(3)　これ以外の株価対策としては、銀行に対する保有株式の評価損消却の先送りの容認や保険会社に対する保有株式の評価益計上の許可などがある。

(4)　大蔵大臣官房調査企画課〈調査月報〉第81巻第11号、1992年、63ページ。

(5)　日本経済新聞（1992年２月４）参照。

(6)　政府は、銀行の「益出し」を不良債権の償却に限って認めたが、その際の方法としては、株式市場に大きな影響を与えないようにクロス売買方式に限って容認された。

(7)　全国銀行協会連合会『全国銀行財務諸表分析（平成４年度決算）』（全国銀行協会連合会〈金融〉1993年８月号別冊）、48ページ、および日本銀行、前掲書、26～27ページ、参照。

図5—3　全国銀行の業務純益

（単位：億円）

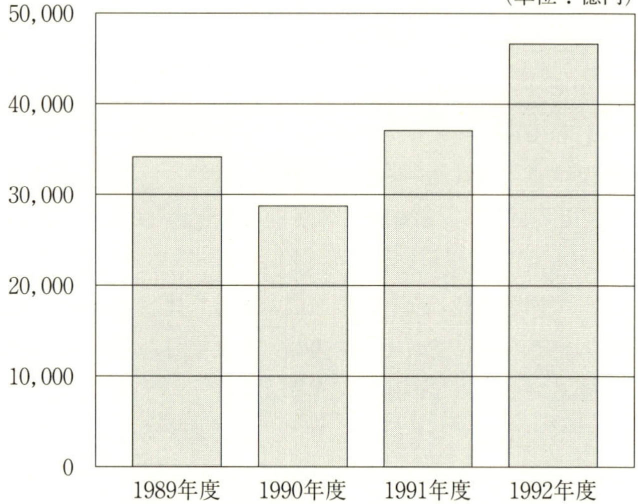

（注）　業務純益とは、業務収益－（業務費用－金銭の信託運用見合費用）を指す。数値は、全国銀行ベース。

（出所）　全国銀行協会連合会『全国銀行財務諸表分析（平成４年度決算）』より作成

表５—２　全国銀行業務純益の前年度比好転額内訳

（単位：億円）

	全国銀行
業　務　純　益	9,693
国内部門粗利益	10,696
資金利益	6,721
役務利益	877
債券関係損益 （債券売却益）	2,894 （2,952）
国際部門粗利益	757
経　　費　　等	▲1,760

（注）「経費等」は経費、債券費、貸倒引当金繰入額。▲は悪化を示す。

（出所）　日本銀行「金融機関の平成４年度決算」『日本銀行月報』1993年８月号、27-28ページより作成。

図５－４　全国銀行の株式等売却益の推移

（単位：億円）

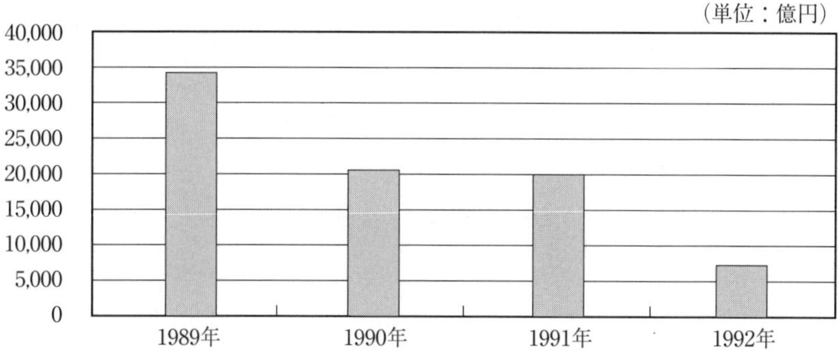

（出所）全国銀行協会連合会『全国銀行財務諸表分析』平成４年度決算、より作成。

見てみると（**図５－４参照**)、銀行（全国銀行レベル）の株式等売却益は、かなりの「益出し」を行った1992年３月期決算の２兆5,109億円に比べ、その約３分の１の7,158億円に激減している。ここに、政府による株価対策の効果の一端を見ることができよう。

このように、公定歩合の引き下げは銀行の業務純益の好転をもたらし、株価対策としてその効果を発揮したと言ってよいが、だがその一方で銀行の利鞘の拡大が一般の国民へのしわよせを意味したことは言うまでもないことである。景気が悪化しているにもかかわらず、銀行の利鞘だけが逆に拡大したことを考え合わせれば、なおさらである。

(2)　国民の資金による株式投資の強化

公定歩合の引き下げは株価回復のための対策ではあるが、しかしそれだけでは不充分なので政府はより積極的な株式購入の強化策をとった。その中身は、株式累積投資制度や従業員持ち株制度などと多岐にわたっているが、その中心になっているものは国民の資金（郵便貯金、簡易保険、公的年金）による株式運用の強化である。

政府は一般の国民の資金をリスクの大きい株式の購入に用いることによって、株式価格を支えることにしたのである。その具体的な内容は次のようなものである。

まず第一に、株式組み入れ比率の制限のない新たな単独運用指定金銭信託を設け、合計２兆8,200億円（1993年３月までの枠）を運用資金として投入することとした[8]。国民の資金が株式市場に投入される実際のルートは、簡易保険福祉事業団、年金福祉事業団が簡易保険、郵便貯金、厚生年金保険、国民年金の各資金を借り入れて、その運用を信託銀行に委託して行うというものであるが[9]、「株式組み入れ比率の制限のない新たな単独運用指定金銭信託」とは次のようなものである。すなわち、運用により取得する資産の種類や範囲などの大枠的なことは委託者、すなわち各事業団が指示するが、細部にわたる具体的な運用方法に関しては信託銀行が裁量権を持つこと[10]、信託銀行は他から受託した信託財産とは別にしてこの資金を運用すること、株式の組み入れ比率は通常、簡易保険で８割、郵便貯金と年金で３割を上限としているが、これに制限を設けないこと、という三つの特徴をもったものであり、株式投資がし易くされていることが分かる。

第二に、こうした「株式組み入れ比率の制限のない新たな単独運用指定金銭信託」を設けるに際し、各事業団（簡易保険福祉事業団、年金福祉事業団）が郵便貯金や年金などに支払う利払いを１年ごとから５年ごとに延長し、計10年間繰り延べることとした[11]。国民の資金による株式の購入は、簡易保険福祉事業団、年金福祉事業団が簡易保険、郵便貯金、厚生年金、国民年金の各資金を借り入れて、信託銀行にその運用を委託して行われるが、各事業団は郵便貯金や年金などに資金借り入れの対価として利子を支払わなければならない。その利子支払いの時期を延長することによって、株価が低迷していても長期にわたり株式の保有を続けられるようにしたのである。

こうして、1992年度の「株式組み入れ比率の制限のない新たな単独運用指定金銭信託」への配分額２兆8,200億円のうち、１兆8,000億円から１兆9,500億円が信託銀行を通じて株式運用に回されたという[12]。だが、これは同時に、近年において国民に多くの損失をもたらしたものであった。

２．1998年以降の株価対策～「税制や手数料引き下げは個人投資家の資産運用の選択肢を広げる」は本当か～

1991～1992年の株価対策にもかかわらず、BIS規制に伴う銀行の保有株式の制限問題や株式価格の低迷の長期化、時価会計の導入などを契機に、株式の相互持ち合いの一層の解消が急務となり、近年、公定歩合の無理なまでの引き下げはもちろんのこと、より一層の株価対策が様々な形で政府や民間の企業、銀行の間でとりざたされるようになってきた。企業が自社株を保有できるという「金庫株」の解禁や自社株式の一層の償却、あるいは放出された株式の受け皿となる株式取得機構などがそれにあたるが、中でも株価対策としてとりわけ重視されているのが、個人投資家の育成である。

「個人投資家の育成が、『株再生』の近道である」[13]という発想は、政界、財界、マスコミの中で、多かれ少なかれほぼ共通した認識となっている感がある。例えば、政界においては、「欧米並に、個人投資家等が直接金融市場を支える姿となるよう市場環境を整備することが必要」だとして、「投信販売手数料の引き下げ」や「個人投資家の株式投資促進税制」という施策が唱えられた[14]。

---

(8)　大蔵大臣官房調査企画課〈調査月報〉第81巻第11号、1992年、61ページ。

(9)　年金福祉事業団を通じた自主運用の具体的ルートについては、西田孝信、栗田健一郎「年金の資産運用等の現状」東京証券取引所〈証券〉第525号、1992年、33ページ、また郵便貯金や簡易保険の資産運用事業の具体的なルートについては、田中信孝「公的年金積立金等の資金運用問題――1987年財政投融資制度改革との関連を中心として――」日本証券経済研究所〈証券研究〉第101巻、1992年、55ページ参照。

(10)　1986年以降金融機関によって株式投資に大いに利用された特定金銭信託は、こうした指定金銭信託とは異なり、信託金の運用方法や運用の種類が委託者によって具体的に特定され、受託者である信託銀行には預かった資産の運用において裁量の余地はない。特定金銭信託の具体的内容については、小島信一「特定金銭信託の現状等について」東京証券取引所〈証券〉第39巻第465号、1987年、を参照されたい。

(11)　日本経済新聞（1992年８月29日）参照。

(12)　日本経済新聞（1993年４月９日）参照。「株式組み入れ比率の制限のない単独運用指定金銭信託」を使っての公的資金の株式投資が信託銀行を通じてどれだけ行われたかについての正確な数値は公式には発表されていない。

(13)　日本経済新聞（2001年３月２日）参照。

(14)　日経金融新聞（2001年２月11日）参照。

「個人の金融資産に占める株の割合は少ない。しっかりとした税制を作る必要がある」[15]という。同様に、企業などの財界においては、株価対策として自社株の売買単位を引き下げ、個人投資家が小額でも株式を買えるようにした有力企業もある。

日本経済新聞は、こうした個人投資家をターゲットにした有力企業の取り組みについて、「投資家層のすそ野」が広がり、「株式市場の活性化にも寄与」するだけでなく、「ペイオフ対策を急ぐ個人にとっては資産運用の選択肢が広が」る、一石二鳥の妙手とさえ論じている[16]。

株価対策として個人投資家の存在が政界や財界やマスコミ界においてクローズアップされることは、もちろん由なくしてのことではない。金庫株の解禁や自社株式の償却といった株価対策がとられたとしても、それには限界があるからである。株式の持ち合いの一層の解消に伴って、企業や銀行の保有株がすでに供給過剰の状態にある株式市場へますます投げ込まれていくことは想像に難くない。企業や金融機関が株の買い手となり得ないのであれば、零細な個人投資家がその受け皿の救世主として期待され、「市場（株式市場…佐藤）活性化には個人投資家の参加が不可欠」[17]だとされても何の不思議もないであろう。

だが、ここに問題はないのであろうか。「欧米並み」の税制や手数料の引き下げをし、一般の人たちの株式投資を促進することは、一般の人たちにその投資コストの軽減をもたらし、さらに「ペイオフ対策を急ぐ個人にとっては資産運用の選択肢」をも広げてくれることなのであろうか。

銘記しなければならないことは、「株価対策」という形で株式市場が我々に提起している問題は、単に企業や銀行がこれまで保有してきた株式について、銀行の保有株式の制限や時価会計の導入などによって、企業や銀行の手元に置いておけなくなったから企業や銀行に代って保有してくれる人を探す、ないし育成するということだけではないということである。1960年代から1990年以前までの株価操作や投機によって先送りされてきた潜在的な損失を誰が負担するのか、という問題も含まれているのである。

これまでの諸章ですでに論じたように、現在の日本の株式価格というものは異常に高い水準にある。

第一に、株価操作や投機によって異常な高さに高騰した株価を妥当な法則的水準にまで低下させるのではなく、逆に利子率を無理に引き下げることによって法則的な水準を引き上げ、異常に高い現実の株価を温存させている。不自然で、不安定な均衡の上に、現在の株価水準が成り立っているのである。

「現在の株価水準は、バブル発生時の1986年の水準にまで戻ったので、バブルの部分は消え去り、株価は正常になった」とする論者もいるが、注意しなければならないことは、1986年の水準であっても、株価は株価操作によって充分高すぎる水準にあるということである。1960年代からの株式の持ち合いなどの人為的な株価操作によってつくられた株価水準が、依然として「塩漬け」されたままなのである。

第二に、配当自体のうちにも無理を抱えているのが現状である。したがって、税制や手数料の面で多少の恩恵があったとしても、税制や手数料の引き下げ、売買単位の引き下げは、現実の株価が抱えている問題点を個人投資家に転嫁する役割を果たすだけであるように思われる。もちろん、そのリスクが短期的なスパンで顕在化するか、長期的なスパンで顕在化するかという時間的な問題はある。だが、現段階での税制や手数料の引き下げや売買単位の引き下げなどは、「ペイオフ対策を急ぐ個人にとっては資産運用の選択肢」の拡大につながるのではなく、むしろ逆に資産運用のリスクのみを拡大させる可能性が高いように思われる。

かつて、第二次世界大戦後に行われた「株の民主化」は、株式を比較的高い価格で国民に売却し、その後、減資などの形で戦争に関わる企業などの損失を国民に転嫁する役割を果たした。しかも、その後の株価下落局面を利用して企業や金融機関は安い価格で株式を買い戻し、経営の支配権を確たるものとしたことはよく知られている(18)。

---

(15)　日本経済新聞（2001年３月15日）参照。
(16)　日本経済新聞（2002年４月14日）参照。
(17)　日本経済新聞（2001年３月４日）参照。
(18)　この「株の民主化」については、川合一郎著『川合一郎著作集（第４巻）』有斐閣、1981年、参照。

近年の株価対策は、戦後のいわゆる「株の民主化」が果たしたような、一般の国民への矛盾の転嫁という役割を果たすことのないよう慎重になされるべきであると思われる。

あとがき

私は、大学院時代を端緒に、「バブル経済の発生と崩壊」をテーマの一つとして研究を進めていた。本書は、こうしたこれまでの諸研究を一つにまとめたものである。しかし、その後、不況の長期化や制度改革が起こっており、バブル経済の崩壊の研究についてさらなる研究が必要になってきた。バブル経済の崩壊は、単に株価の下落にのみ関連することではなく、実体経済の構造変化の一層の進展も含めてバブル経済の崩壊を論じていく必要があると思われる。そこで、こうした意図を示すために、さしあたり本書のタイトルを『バブル経済の発生と崩壊』とせず『バブル経済の発生と展開』とすることにした。「バブル経済の崩壊」に関する一層の研究、すなわち2000年までに至る過程の研究については、今後の研究課題としたいと思う。

本書は、以下の論文を中心に構成されている。各章の元になった論文名、掲載誌、発表年月日は次の通りであるが、これらの論文にはすべて加筆修正が加えられており、中には原型をとどめないまでに大幅な修正が施されたものもある。

第１章　論説「『バブル』期における株価諸理論の検討」『岐阜経済大学論集』第32巻第１号、1998年６月。

第２章　論説「1986－87年の日本と西ドイツにおける金融動向の比較研究―株式市場を中心に―」東北大学『経済学』第55巻第２号、1993年11月。

第３章　論説「1990年第１四半期における日本の株価暴落と西ドイツの株高・債券高との関連について―実体経済の動向と政府の経済政策を踏まえて―」東北大学『経済学』第56巻第２号、1994年９月。

第４章　論説「1991－92年における日本とドイツの実体経済と株式価格」『岐阜経済大学論集』第31巻第４号、1998年２月。

第５章　論説「1992年における日本政府の株価対策の株価への影響について―1991－92年における日本とドイツの株価動向の比較研究序説―」東北大学『経済学』第57巻第１号、1995年４月。

なお、学部を卒業してから本書に至るまでの研究生活においては、実に多くの方々のご指導をいただいた。下平尾勲教授には貨幣論・信用論およびヘーゲル論理学やマックス・ウェバーを、村岡俊三教授には世界経済を分析するための基礎理論＝後半体系を、そして金田重喜教授からはアメリカ経済をご教示をいただいた。これら３人の先生の下で経済の理論、現状分析、論理学の３分野にわたって幅広く大学院時代に学ばせていただいたことが、今日の私の研究の基盤をなしている。

また、東北大学経済学部の田中素香教授、青木國彦教授、鴨池治教授には、論文審査の労をとっていただいただけでなく、本書をまとめる上で貴重な助言と励ましの言葉まで頂戴した。大学院時代ではあったが、熊野剛雄先生、相沢幸悦先生、飯野由美子先生をはじめとする日本証券経済研究所ヨーロッパ資本市場研究会の諸先生方に研究発表の機会をいただいたことも、多くを学ぶ上で貴重な経験であった。同じく大学院時代ではあったが、濱田康行先生（北海道大学経済学部）にも有益なコメントをいただいた。大学院時代を共に過ごした友人である大友伸氏（東日本国際大学）、岩田健治氏（九州大学経済学部）、藤川和隆氏（阪南大学経済学部）、平林一隆氏（一関高専）、川端望氏（東北大学経済学部）には、公私にわたり支えていただいた。私の勤務する岐阜経済大学の教職員の方にもまた、多くを負っている。名前を挙げることは差し控えるが他にも感謝すべき人は多い。

最後に、このような研究書の出版を快く引き受けて下さった上に、筆舌に尽くしがたいほどの心温まるご配慮を下された新評論の武市一幸社長に心からお礼を申し上げたい。武市氏の尽力なくして本書の出版はあり得なかった。

本書を、献身的な努力に何一つ報いることなく、夏の暑い日に永久の別れとなってしまった亡父俊一と、常に明るい笑顔と努力で支えてくれた母ヨウに捧げる。

2002年９月10日

佐藤　俊幸

参考文献一覧

【外国語文献一覧】

Bank of England, “The equity market crash”, *Bank of England Quarterly Bulletin,* February 1988.

Deutche Bundesbank, *Statistische Beihefte zu der Monatsberichten der Deutsche Bundesbank,* Reihe 2, Januar 1988.

Deutsche Bundesbank, *Statistische Beihefte zu der Monatsberichten der Deutschen Bundesbank,* Reihe 3, Februar 1988.

Deutsche Bundesbank, *Statistische Beihefte zu der Monatsberichten der Deutschen Bundesbank* Reihe 4, Marz 1988.

Deutsche Bundesbank, *Report of the Deutsche Bundesbank for the year 1987,* Frankfurt.

Deutsche Bundesbank, *Report of the Deutsche Bundesbank for the year 1988,* Frankfurt.

Deutsche Bundesbank, *Report of the Deutsche Bundesbank for the year 1989.*

Deutsche Bundesbank, *Report of the Deutsche Bundesbank for the year 1990,* Frankfurt am Main, 1991.

Deutsche Bundesbank, “Foreign Deutsche Mark assets and liabilities at end of 1986”, *Monthly Report of the Deutsche Bundesbank,* May 1987.

Deutsche Bundesbank, “The longer-term trend of inflows of funds to banks”, *Monthly Report of the Deutsche Bundesbank,* October 1985.

Deutsche Bundesbank, ”The result of the capital finance account for 1987”,

Monthly Report of the Deutsche Bundesbank, May 1988.

Deutsche Bundesbank, Enterprises' Profitability and financing in 1987, *Monthly Report of the Deutsche Bundesbank,* November 1988.

Deutsche Bundesbank, "Trends in the Euro-deposits of domestic non-banks", *Monthly Report of the Deutsche Bundesbank,* January 1988.

Deutsche Bundesbank, "Recent trends in residents' investment behaviour in the bond market", *Monthly Report of the Deutsche Bundesbank,* July 1988.

Deutsche Bundesbank, *Die Deutsche Bundesbank; Geldpolitische Aufgaben und Instrumente,* Sonderdrucke der Deutschen Bundesbank, Nr.7,5. Auflage. 葛見雅之・石川紀共訳『ドイツ連邦銀行――金融政策上の課題と政策手段――』学陽書房、1992年

Deutsche Bundesbank, "The economic scene in the Federal Republic of Germany in autumn 1987", *Monthly Report of the Deutsche Bundesbank,* December1987.

Deutsche Bundesbank, "The economic scene in the Federal Republic of Germany in spring 1990", *Monthly Report of the Deutsche Bundesbank,* Frankfurt am Main, June 1990.

Deutsche Bundesbank, "Germany's Securities Transactions with nonresidents in the second half of the eighties", *Monthly Report of the Deutsche Bundesbank, April 1991.*

Deutsche Bundesbank, "The Balance of payments of Federal Republlic of Germany in 1990", *Monthly Report of the Deutsche Bundesbank.*

Deutsche Bundesbank, "The Capital finance account of Federal Republic of Germany for 1991", *Monthly Report of the Deutsche Bundesbank,* (Frankfurt am Main), May1992.

Deutsche Bundesbank, "The Deutsche Mark as international investment currency", *Monthly Report of the Deutsche Bundesbank*, November 1979.

Deutsche Bundesbank, "The Euro-DM market", *Monthly Report of the Deutsche Bundesbank*, January 1983.

Deutsche Bundesbank, "The profitability of German banks in1987", *Monthly Report of the Deutsche Bundesbank*, August 1988.

Deutsche Bundesbank,, "Saving through investment companies on the ascent", *Monthly Report of the Deutsche Bundesbank*, October 1988.

Deutsche Bundesbank, "The balance of payment of the Federal Republic of Germany with the other countries of the European Community", *Monthly Report of the Deutsche Bundesbank*, July 1987.

Deutsche Bundesbank, "Foreign Deutsche Mark assets and liabilities at the of 1986", *Monthly Report of the Deutsche Bundesbank*, May 1987.

Deutsche Bundesbank, "West Germany enterprises' profitability and financing in 1990", *Monthly Report of the Deutsche Bundesbank*, November 1991.

Deutsche Bundesbank, "Recent trends in securities transactions with foreign countries", *Monthly Report of the Deutsche Bundesbank*, November 1985

Deutsche Bundesbank, "Enterprises' Profitability and financing in 1982", *Monthly Report of the Deutsche Bundesbank*, November 1984.

Deutsche Bundesbank, "Enterprises' Profitability and financing in 1983", *Monthly Report of the Deutsche Bundesbank*, November 1984.

Deutsche Bundesbank, "The significance of shares as financing instruments", *Monthly Report of the Deutsche Bundesbank*, October 1991.

Deutsche Bundesbank, "Recent trends in residents' investment behavior in the bond market", *Monthly Report of the Deutsche Bundesbank*, July 1988.

Deutsche Bundesbank, "Non-residents' Deutsche Mark assets and liabilities at the of 1990", *Monthly Report of the Deutsche Bundesbank*, May 1991

Dresdner Bank, "Die deutschen Exporte unter dem Einflußder Wechselkurse", *Dresdner Bank Wirtschaftberichte,* 39. Jahrgang Nummer1., April 1987.

Dresdner Bank, "Der Auslandseinfluß am deutschen Aktienmarkt", *Dresdner Bank Wirtschaftsberichte,* 40. Jahrgang Nummer1., April 1988.

Frankfurter Allgemeine Zeitung, 27. Oktober 1987.

HWWA, *Analyse der strukturellen Entwicklung der deutschen Wirtschaft-Strukturbericht 1987.*

H.Klodt, "Deutsche Investitionsgüter auf dem Weltmarkt.Ist die Wettbewerbsfähigkeit bedroht?", *Die Weltwirtschaft,* 1984.

Heiner Flassbeck und Horst Tomann, "Unternehmensfinanzierung im Strukturwandel", *DIW Vierterjahrshefte zur Wirtshaftsforschung,* Heft1, (Berlin, 1990).

IFO-Institut für Wirtschaftsforschung, *Analyse der strukturellen Entwicklung der deutschen Wirtschaft : Strukturberichterstattung 1980* (Berlin, 1981).

Ifo schnelldienst 17/88, 1988.

International Monetary Fund, *International Financial Statistics Yearbook*, Washington, D.C.

K.Marx, Das Kapital, *Kritik der politischen Ökonomie,* Dritter Band, *K.Marx-F. Engels Werke,* Band 25, Institut für Marxismus-Leninismus beim ZK der SED, Dietz Verlag, Berlin, 1964. S.494. 大内兵衛・細川嘉六監訳『マルクス＝エンゲルス全集』第25巻第２分冊、大月書店

Organization for economic co-operation and Development.

Rainer Stottner, "Borsenkrach und Effizienzmarkt-Hypothse: Das Ende einer Illusion", *Wirtschaftdienst*,Institute fur Wirtschaftsforschung, Hamburg, Dezember, 1987.

Rudolf Hilferding, *Das Finanzkapital-Eine Studie über die jüngste Entwicklung des Kapitalismus* (Wien, 1910).岡崎次郎訳『金融資本論』上巻、岩波文庫、1982年

Statistisches Bundesamt, *Statistisches Jahrbuch für die Bundesrepublic Deutschland,* (stuttgart, 1986).

Statistisches Bundesamt, *Statistisches Jahrbuch für die Bundesrepublic Deutschland* (Stuttgart, 1987).

Statistisches Bundesamt, *Statistisches Jahrbuch 1991 für das vereinte Deutschland,* Stuttgart.

Statistisches Bundesamt, "Aktienmarkt im Jahr 1986", *Wirtschaft und Statistik,* Stuttgart,1, 1987.

Statistisches Bundesamt, "Aktienmarkt im Jahr 1987", *Wirtschaft und Statistik*, Stuttgart, 1, 1988.

Statistisches Bundesamt, "Aktienmarkt im Jahr 1988", *Wirtschaft und Statistik*, Stuttgart, 1, 1989.

Statistisches Bundesamt, "Aktienmarkt im Jahr 1989", *Wirtschaft und Statistik,* Stuttgart, 1, 1990

Statistisches Bundesamt, "Aktienmarkt im Jahr 1990", *Wirtschaft und Statistik*, Stuttgart, 1, 1991.

Statistisches Bundesamt, "Aktienmarkt im Jahr 1993", *Wirtschaft und Statistik*, Stuttgart, 1, 1994..

Statistisches Bundesamt, "Sozialprodukt im bisherigen Gebiet der Bundesrepublik Deutschland im Jahr1990", *Wirtschaft und Statistik,* Stuttgart, 1, 1991

Statistisches Bundesamt, "Außenhandel 1990", *Wirtschaft und Statistik,* Wiesbaden, Stuttgart, 2, 1991.

United State. Presidential Task Force on Market Mechanisms, *Report of Presi-*

dential Task Force on Market Mechanisms: submitted to the president of the United States, the secretary of the Treasury, and the chairman of the Federal Reserve Board, Washington. D.C., 1988.

Uta Kempf, *German Bond Market,* 1985, Euromoney Publication Ltd, London.日本証券経済研究所訳『西ドイツの公社債市場』日本証券経済研究所、1988年

【日本語文献一覧】

・相沢幸悦『西ドイツの金融市場と構造』東洋経済新報社、1988年
・相沢幸悦『現代ドイツの金融システム』東洋経済新報社、1993年
・相沢幸悦「バブルの発生を抑えたドイツの銀行」毎日新聞社〈エコノミスト〉1993年11月８日号
・荒井淨ニ『知られざる大機関投資家　農協金融』東洋経済新報社、1994年
・飯田繁『新訂　利子つき資本の理論』1954年、日本評論社
・飯原慶雄他著、名古屋証券取引所監修『株式市場とオプション取引』中央経済社、1989年
・飯盛信男『日本経済と第三次産業』九州大学出版会、1981年
・飯盛信男『平成不況とサービス産業』青木書店、1995年
・諌山正「第二次石油危機以降における西ドイツ産業の国際競争力低下の諸要因」〈世界経済評論〉第33巻第７号、1989年
・今宮謙二『金融不安定構造―基軸通貨ドル体制の動揺―』新日本出版社、1995年
・井村喜代子『現代日本経済論―敗戦から「経済大国」を経て―』有斐閣、1993年
・岩田規久男『金融政策の経済学―「日銀理論」の検証―』日本経済新聞社、1993年
・植草一秀『金利・為替・株価の政治経済学』岩波書店、1992年
・植嶋平治「西独の金融制度と金融資本市場の動向」大阪証券取引所〈インベストメント〉第40巻第５号、1987年
・内田勝敏『ヨーロッパ経済とイギリス』東洋経済新報社、1969年
・大蔵省国際金融局年報編集委員会『大蔵省国際金融局年報』金融財政事情研究会、各年版
・大蔵省〈財政金融統計月報〉大蔵省印刷局
・大蔵省『大蔵省証券局年報』平成２年版
・大蔵大臣官房調査企画課〈調査月報〉第81巻第11号、1992年
・大槻久志『「金融恐慌」とビックバン』新日本出版社、1998年
・大友伸「電子技術を基礎とする日本企業の商品開発とバブル経済」東北大学〈経済学〉第56巻第２号、1994年
・大西健夫編『ドイツの経済』早稲田大学出版部、1992年
・岡本勝美『転機に立つ株式市場』東洋経済新報社、1979年
・翁邦雄『金融政策―中央銀行の視点と政策―』東洋経済新報社、1993年
・奥田宏司「プラザ合意後の公定歩合の引下げと『金余り現象』の発生」〈経済〉第320号、1990年
・奥村宏『日本の株式会社』東洋経済新報社、1986年
・金井雄一『イングランド銀行金融政策の形成』名古屋大学出版会、1989年
・金田重喜「アメリカ資本主義の栄光と没落」金田重喜編著『アメリカ資本主義の栄

光と没落・リストラの模索』創風社、1993年
・金田重喜編著『新版・現代工業経済論』創風社、2000年
・川合一郎『川合一郎著作集　第３巻　～株式価格形成の理論～』有斐閣、1981年
・川合一郎『川合一郎著作集　第４巻　～戦後経済と証券市場～』有斐閣、1981年
・衣川恵『現代日本の金融経済』中央大学出版部、1995年
・銀行労働研究会・独占分析研究会『日本の金融独占』上下巻、新日本出版社、1972年
・熊野剛雄「証券資本と証券市場の変遷」中村孝俊・川口弘編『講座　今日の日本資本主義』第６巻、大月書店、1982年
・経済企画庁調査局〈日本経済指標〉
・経済企画庁『経済白書　昭和61年度版―国際的調和をめざす日本経済―』大蔵省印刷局
・経済企画庁『経済白書　昭和62年度版―進む構造転換と今後の課題―』大蔵省印刷局、1987年
・経済企画庁『経済白書　昭和63年度版―内需型成長の持続と国際社会への貢献―』大蔵省印刷局
・経済企画庁『経済白書　平成１年度版―平成経済の門出と日本経済の新しい潮流―』大蔵省印刷局
・経済企画庁『経済白書　平成２年度版―持続的拡大への道―』大蔵省印刷局
・経済企画庁『経済白書　平成３年度版―長期拡大の条件と国際社会における役割―』平成３年版、大蔵省印刷局、1991年
・経済企画庁『経済白書　平成４年度版―調整をこえて新たな展開をめざす日本経済―』大蔵省印刷局
・経済企画庁『経済白書　平成５年度版―バブルの教訓と新たな発展への課題―』大蔵省印刷局
・経済企画庁『世界経済レポート』昭和62年度版
・経済企画庁『世界経済白書』昭和62年度版、大蔵省印刷局
・公社債引受協会〈公社債統計月報〉第412号、1990年
・小島信一「特定金銭信託の現状等について」東京証券取引所〈証券〉第39巻第465号、1987年
・後藤泰二『株式会社の経済理論』ミネルヴァ書房、1970年
・近藤文彦「戦後日本資本主義と流通機構」鶴田満彦・二瓶敏編『講座　今日の日本資本主義』第２巻、大月書店、1981年
・佐々木昇『現代西ドイツ経済論―寡占化と国際化―』東洋経済新報社、1990年
・佐藤俊幸「1986－87年の日本と西ドイツにおける金融動向の比較研究―株式市場を中心に―」東北大学〈経済学〉第55巻第２号、1993年
・柴川林也『財務管理』同文舘、1977年

・島崎美代子「戦後重化学工業の創出と『国家独占資本主義』機構」鶴田満彦・二瓶敏編『講座　今日の日本資本主義』第2巻、大月書店、1981年
・下平尾勲『貨幣と信用』新評論、1974年
・下平尾勲『信用と景気循環』新評論、1978年
・下平尾勲「貨幣における矛盾の媒介と展開―貨幣諸形態の関連性―」米田康彦編『講座　資本論の研究』第2巻、青木書店、1980年
・下平尾勲「資本の蓄積と信用制度」下平尾勲編『講座　資本論の研究』第4巻、青木書店、1980年
・下平尾勲『円高と金融自由化の経済学』新評論、1987年
・下平尾勲『信用制度の経済学』新評論、1999年
・ジャック・ヴァン・イペルゼル、ジョーン・クロード・クース著、東京銀行ブラッセル支店訳『EMS』東京リサーチインターナショナル、1986年
・鈴木和重「90年初来の株価急落の背景と今後の展望」証券投資信託協会〈証券投資信託月報〉第360号、1990年
・鈴木正俊『昭和恐慌史に学ぶ―不況からなぜ脱出できたか―』講談社、1999年
・鈴木淑夫『わが国の金融制度』日本銀行金融研究所、1986年
・全国銀行協会連合会「全国銀行財務諸表分析（平成4年度決算)」(全国銀行協会連合会〈金融〉第557巻、1993年、別冊)
・全国証券取引所協議会「61年の株式市場」東京証券取引所〈証券〉第39巻454号、1987年
・全国証券取引所協議会「昭和61年度株式分布状況調査結果の概要」東京証券取引所〈証券〉第39巻第462号、1987年
・副島保『株式経済論』中央経済社、1977年
・建部正義『貨幣・金融論の現代的課題』大月書店、1997年
・田中素香『EC統合の新展開と欧州再編成』東洋経済新報社、1991年
・田中信孝「公的年金積立金等の資金運用問題―1987年財政投融資制度改革との関連を中心として―」日本証券経済研究所〈証券研究〉第101巻、1992年
・中小企業庁編『中小企業白書』大蔵省印刷局、各年版
・通商産業省大臣官房調査統計局〈通産統計〉第46巻第9号
・東京銀行調査部〈東京銀行月報〉
・東京銀行調査部訳『国際金融レポート'88』日本評論社
・東京銀行調査部訳『世界金融経済年報第57次国際決済銀行年次報告』十一房出版、1987年
・東京証券取引所〈東証統計月報〉1986年9月号
・東京証券取引所〈東証統計月報〉1987年12月号
・東京証券取引所〈東証統計月報〉第410号、1991年
・東京証券取引所調査企画課「平成5年の証券市場」東京証券取引所〈証券〉第46巻

第538号、1994年
・東京証券取引所調査部「62年の証券市場」東京証券取引所〈証券〉1988年1月号
・刀禰俊雄・北野実『現代の生命保険』東京大学出版会、1993年
・戸原四郎他編『現代のドイツ経済』有斐閣、1992年
・トマス・トゥック著、玉野井芳郎訳『通貨原理の研究』日本評論社、1947年
・中尾茂夫『ジャパンマネーの内幕』岩波書店、1991年
・中尾茂夫『世界マネーフロー』同文舘、1988年
・中村孝俊『日本の証券市場』岩波書店、1963年
・西田孝信、栗田健一郎「年金の資産運用等の現状」東京証券取引所〈証券〉第525号、1992年
・西村閑也・深町郁也・小林襄治・坂本正『現代貨幣信用論』名古屋大学出版会、1991年
・日経金融新聞
・二瓶敏「戦後資本主義の諸画期」鶴田満彦・二瓶敏編『講座　今日の日本資本主義』第2巻、大月書店、1981年
・日本開発銀行「設備投資計画調査」〈調査〉
・日本銀行金融研究所『新版　わが国の金融制度』日本銀行金融研究所、1995年
・日本銀行国際局『外国経済統計年報』
・日本銀行国際局〈国際収支統計月報〉294号、1991年
・日本銀行国際局〈国際収支統計月報〉第259号、1988年
・日本銀行調査統計局「金融機関の平成4年度決算」『日本銀行月報』平成5年8月号
・日本銀行調査統計局〈経済統計月報〉
・日本銀行調査統計局『経済統計年報』
・日本銀行調査統計局『主要企業短期経済観測時系列集―昭和48年2月から平成6年5月調査』
・日本銀行調査統計局「わが国における近年の地価上昇の背景と影響について」日本銀行〈調査月報〉平成2年4月号
・日本銀行調査統計局「景気調整下における企業経営行動」〈日本銀行月報〉平成4年11月号
・日本銀行調査統計局「景気後退局面における企業経営行動について」〈日本銀行月報〉平成5年11月号
・日本銀行調査統計局「昭和62年の資金循環」日本銀行〈調査月報〉1988年6月号
・日本銀行調査統計局「昭和62年度の金融および経済の動向―構造調整の進展と持続的成長への展望―」日本銀行〈調査月報〉昭和63年5月号
・日本銀行調査統計局「平成元年度の金融および経済の動向―大型景気の実現と対外収支調整の進展―」日本銀行〈調査月報〉平成2年5月号

・日本銀行調査統計局「平成２年度の金融および経済の動向—金利の上昇とその効果波及—」〈日本銀行月報〉平成３年６月号
・日本銀行調査統計局「平成４年度の金融および経済の動向—景気調整メカニズムと回復への展望—」〈日本銀行月報〉平成５年６月号
・日本銀行調査統計局『主要企業経営分析』1985年、及び1986年版
・日本銀行調査統計局『日本を中心とする国際比較統計』第26号、1989年
・日本経済新聞
・日本貿易振興会『世界と日本の海外直接投資』1992年版
・日本放送局取材班『日本・西ドイツ—二つの戦後経済—』NHK 出版会、1988年
・野口悠紀雄『土地の経済学』日本経済新聞社、1989年
・野口悠紀雄『バブルの経済学—日本経済に何が起こったのか—』日本経済新聞社、1992年
・野田正穂・谷田庄三編『日本の金融機構』上下巻、新日本出版社、1984年
・野原敏雄「戦後日本資本主義と地域経済」鶴田満彦・二瓶敏編『講座　今日の日本資本主義』第２巻、大月書店、1981年
・服部恭彦『現代の金融資本と株式市場』法律文化社、1993年
・濱田康行「貨幣資本の自立的蓄積、その実物資産からの乖離」村岡俊三・佐々木隆生編『構造変化と世界経済』藤原書店、1993年
・林直道『現代の日本経済』青木書店、1996年
・林直道『恐慌・不況の経済学』新日本出版社、2000年
・藤川和隆「欧州通貨制度におけるドイツマルク介入の意義」相沢幸悦編著『EC 通貨統合の展望』同文舘、1992年所収
・フラートン著、福田長三訳『通貨論』岩波書店、1941年
・宮崎義一『複合不況』中公新書、1992年
・宮崎義一『国民経済の黄昏—「複合不況」その後—』朝日選書、1995年
・村岡俊三『世界経済論』有斐閣、1988年
・山口義行『金融ビッグバンの幻想と現実』時事通信社、1997年
・山口義行・小西一雄『ポスト不況の日本経済—停滞から再生への構図—』講談社現代新書、1994年
・山田弘史・野田正穂編『現代日本の金融—破綻の構造と改革の方向—』新日本出版社、1997年
・山本征二『ドイツの金融・証券市場』東洋経済新報社、1991年
・山本孝則『現代信用論の基本問題』日本経済評論社、1991年
・山本孝則『不良債権大国の崩壊と再生—大地からの日本再建プロジェクト—』日本経済評論社、1996年
・油井浜宏一「ブラックマンデーの原因分析とアメリカ証券市場規制構造変革の方向」山一証券経済研究所〈山一證券月報〉第478号、1988年

・吉田和男『平成不況10年史』PHP 新書、1998年
・若杉啓明・紺谷典子他『日本の株価水準研究グループ報告書』日本証券経済研究所、1998年
・渡辺睦「戦後日本の高度経済成長と中小企業」鶴田満彦・二瓶敏編『講座　今日の日本資本主義』第２巻、大月書店、1981年
・渡辺幸男「日本経済の構造変化」飯田裕康編『現代金融危機の構造』慶應義塾大学出版会、2000年

索　引

【か】

【さ】

【た】

【な】

【は】

【ま】

【や】

著者紹介

佐藤　俊幸（さとう・としゆき）

1963年、宮城県生まれ。博士（経済学）東北大学。
東北大学大学院経済学研究科博士課程修了後、1994年東北大学経済学部助手。
現在、岐阜経済大学経済学部助教授。
金融や経済に関わる事柄について、市民の立場から海外および国内の調査を重ねるとともに、岐阜県の地方銀行などでの講演活動も行っている。
論文「クレジットユニオンと地域通貨」
（財団法人　岐阜県産業文化振興事業団・地域文化研究所、岐阜経済大学地域通貨研究会『地域通貨制度を利用した地域イベント等による地域振興策に関する実証研究』2001年、所収）他。

バブル経済の発生と展開
——日本とドイツの株価変動の比較研究——　（検印廃止）

2002年10月25日　初版第１刷発行

著　者　佐藤俊幸

発行者　武市一幸

発行所　株式会社　新評論

〒169－0051
東京都新宿区西早稲田3－16－28
電話　03(3202)7391
振替・00160-1-113487
http://www.shinhyoron.co.jp

定価はカバーに表示してあります。
落丁・乱丁本はお取り替えします。

印刷　フォレスト
装丁　山田英春
製本　清水製本プラス紙工

ISBN4-7948-0578-0　C0033
Printed in Japan